中公新書 2195

JN032042

長 有紀枝著

入門 人間の安全保障 増補版

恐怖と欠乏からの自由を求めて

中央公論新社刊

目次

第2章　紛争違法化の歴史と国際人道法

【コラム】

入門　人間の安全保障

序　章　私たちが生きている世界

異議申し立てとしての「人間の安全保障」

「人間の安全保障」(human security)は、インド出身の経済学者でアジア初のノーベル経済学賞受賞者でもあるアマルティア・セン(Amartya Sen, 1933～)が唱えたケイパビリティ(潜在能力)論を下敷きに、国連開発計画(UNDP)が、一九九四年の『人間開発報告書』の中で提唱した比較的新しい概念です。開発援助に従事する国際機関の実務をもとに、一定の戦略をもって生まれたため、「人間の安全保障」は、きわめて包括的な概念として登場しました。それゆえ概念的な明晰《めいせき》さを欠き漠然としている、対象領域が散漫で学問領域としては未成熟、誰が誰の安全を保障するのか、という主体と客体の議論がなされていない、といった否定的な意見もあります。

しかし、その登場から四半世紀以上が経過した現在、「人間の安全保障」概念は、国連を中心とする国際社会で、限定付きながら、規範的な概念として着実に普及し、定着しつつあり、また東日本大震災を経験した日本においては、特に弱い立場に置かれた人々の視点から、既存の制度に対して異議申し立てを行い、新たな指針やヴィジョンを示す重要な手がかりになる考え方だと言えるかもしれません。

日本政府も一九九八年五月以来、「人間の安全保障」を日本外交の柱の一つとして位置づけ、特に国連外交、途上国向けの援助政策の中で重視してきました。こちらも、多分に戦略的な意図があったとはいえ、「人間の安全保障」の視点は、日本国憲法前文の主張とも重なる重要な指針です。

『入門 人間の安全保障』と題した本書では、東日本大震災を経験した日本人としてだけではなく、二一世紀に入ってもなお、武力紛争、言語を絶する人権侵害、虐殺が繰り返され、貧困問題や飢餓も解決されない国際社会の一員として、またコロナ禍を経験した人類として私たちは、どのように生きていくべきか、そのために何を知るべきか、そんなことを「人間の安全保障」という概念を手がかりにみなさんと考えていきたいと思います。

人の一生と「人間の安全保障」

本書には、もう一つの目的があります。国際社会では、「人間の安全保障」という概念の登場によって、従来とは異なる視点で、国際社会の諸問題を捉える視点が生まれたのと同じように、「人間の安全保障」という概念を通じ、これまでとは別の視点で私たち自身の生活を見直すことです。それは、私たちが当たり前と思っている暮らし、生活、日本の社会が、世界的にみれば、決して当たり前ではないのだ、という視点です。

東日本大震災を境に、日本でもこれまでの「当たり前」は、実は非常に恵まれた「当たり前」であったことが再確認されるようになりました。「日常の有難さ、大切さ」を小さな子どもたちでさえ口にします。しかし、三月一一日以前も、以後も、私たちが今、当たり前だと思っている世界、暮らし、私たち日本人が所与のもの、当然のものとして享受している事柄は、世界の多くの国々にとっては、実は「特別なこと」ばかりです。

平均寿命と死亡率

まず、そもそも、人の一生、という時に、日本と世界の国々では、その長さが決定的に異なります。世界保健機構（WHO）の二〇二〇年発表の統計資料（World Health Statistics 2020）によれば、加盟国の中央値（二〇一六年、算出時のWHO加盟国数は一九四ヵ国）は、男性六九・八歳、女性七四・二歳、男女平均七二歳。日本は平均寿命八四・一歳で、世界で最も長寿の国です（男性八一・一歳、女性八七・一歳）。他方最も平均寿命が短いレソトは、五二・九歳（男性五一歳、女性五四・六歳）。実に日本と三一歳もの開きがあります。健康寿命で比較すると中央値は六三・三歳、一位はシンガポールの七六・二歳、日本は二位の七四・八歳です。他方で最も短いのが、中央アフリカ共和国の四四・九歳、五〇歳未満の国として、低い順にレソト、チャド、シエラレオネ、コートジボワール、ナイジェリアとアフリカの国々が続きます。

次に、同じくWHOの統計をもとに、新生児の死亡率、生後二八日未満の赤ん坊が、出生一〇〇〇人当たりに死亡する人数を確認してみましょう。新生児死亡率の世界平均（二〇一八年）は一〇〇〇人中一七・七人です。最も亡くなる率が高いのは、パキスタンの四二人、次いで中央アフリカの四一人、南スーダンの四〇人です。他方、亡くなる率が最も低いのが日本とサンマリノの一人です。日本やサンマリノとパキスタンなどの死亡率の高い国を単純に比較すると、これらの国では、生後一ヵ月未満の赤ん坊が日本の四〇倍も亡くなっていることになります。妊産婦死亡率（妊娠・出産および関連した合併症により出生一〇万件中死亡する女性の数）はさらに衝撃的です。WHOの統計では中央値は出生一〇万件中、二一一人（二〇一七年）ですが、南スーダンで一一五〇人、チャドで一一四〇人、シエラレオネで一一二〇人など、膨大な数の女性が妊娠・出産で亡くなっています。サハラ以南のアフリカと南アジアにおける妊産婦と新生児の死亡数は世界の八割を占めるほどで、他方、最も少ないのは、ベラルーシ、イタリア、ノルウェー、ポーランドの二人（日本は五人）、なんと五七五倍もの開きがあります。

もう一つ、子どもの福祉をめぐる状況を示すきわめて重要な指標のひとつに五歳未満児の死亡率があります。五歳未満児の死亡率の世界平均（WHO、二〇一八年）は一〇〇〇人中三九人です。最悪はソマリアの一二二人、次いでナイジェリアの一二〇人、チャドの一一九人、中央アフリカの一一六人とサハラ以南の国々が続きます。二〇一八年現在、毎日世界で一万五〇〇〇人もの五歳未満の子供たちが命を落としています。他方、最も死亡率が低い国々が、フィンランド、サンマリノ、アイスランド、スロベニア、ルクセンブルク、キプロス、日本の二人です。ソマリアでは一二％の子どもたちが五歳まで生きられませんが、これらの国では、五歳未満で命を落とすのは〇・二％。きわめてまれな事態です。

義務教育は特権か？

国連児童基金（ユニセフ）の二〇一八年のデータによれば世界で学校に通っていない五歳から一七歳の子どもの数は三億三〇〇万人で、その三分の一以上に相当する一億四〇〇万人は、紛争や自然災害の影響を受ける国に暮らしています。紛争や自然災害の影響を受ける国に暮らす一五歳から一七歳の子どもの五人に一人は、これまで一度も学校に通ったことがなく、五人に二人は小学校さえ修了していません。

一五歳〜二四歳の若者の識字率は世界的に見ると男性九二％、女性八八％ですが、後発途上国の平均はそれぞれ八一％と七三％、男性でおよそ五人に一人、女性は四人に一人が読み書きができない計算です。

日本でも、「もったいない（mottainai）」運動で有名になったケニア出身のワンガリ・マータイ（Wangari Muta Maathai, 1940〜2011）は、二〇〇四年のノーベル平和賞受賞時の講演で教育を単なる「権利」ではなく、「特権」という言葉で表現しました。マータイは、女性環境保護活動家で、「持続可能な開発、民主主義と平和への貢献」が認められ環境分野の活動家としては史上初めて、また、アフリカ人女性としても史上初めてノーベル平和賞を受賞した人です。「〔この仕事に関わろうという〕私のインスピレーション（着想）は、ケニアの大自然の中で過ごした子ども時代の体験と観察からきたものです。それは、ケニアや米国そしてドイツで私が特権的に受けることのできた教育により、影響を受け育まれました」（"My inspiration partly comes from my childhood experiences and observations of nature in rural Kenya. It has been influenced and nurtured by the formal education I was privileged to receive in Kenya, the United States and Germany."）

アメリカやドイツに留学して公教育を受けるのはマータイさんのみならず、誰にとっても特別なことでしょう。しかし、マータイさんは、母国ケニアで受けた教育さえも、privilege という言葉を使って、「特権」であったと述べています。

一日を水汲《みずく》みで終える少女

一日の大半を水汲みで終えるスーダンの女の子のお話をしたいと思います。

スーダンでは、村に水源がまったくない、あるいは、水源があっても枯渇して、片道二時間も三時間もかけて、水を汲みに行かなければならない場所がたくさんあります。そしてその作業を担うのは、小さな女の子たちです。片道二時間かけて、ポリバケツなどの容器をもって、ひたすら歩きます。行きのバケツは空ですが、帰りは一〇キロを超える重さの水を運びます。往復四時間。もし、一回の水汲みで、家族全員が一日に使うのに十分な量に足りなければ、もう一往復しなければなりません。二往復で八時間。この女の子たちの一日は、ただただ、水を汲むために終わります。学校に行く時間も遊ぶ時間もないのです。

さらに、移動の途中で、水源を守るために他の村や部族の男性から襲撃を受け、暴力やレイプの被害に遭うということも珍しいことではありません。それでも、水が無ければ人は生きることができません。命の危険、性暴力の被害に遭う恐れがあっても、子どもたちは水汲みに向かうのです。

私たちが家で蛇口をひねれば出てくる水。コンビニや自動販売機で、お金を払えば手に入る水、その水のために学校に行くことも、遊ぶこともできないどころか、レイプや暴力の危険に日々身をさらしている子どもたちがいます。同じ時代に、同じ地球に生まれたにもかかわらず、です。

この子たちにとって、近くに水場ができて、水汲みの労働から解放され、学校で学べるようになることは、「権利」ではなく、マータイさんのいうとおり紛れもなく「特権」なのです。

私たちはどのような世界に生きているか

ではあらためて、私たちはどのような世界に生きているのでしょうか。

二〇一一年一〇月三一日、国連の潘基文《パンギムン》事務総長は世界の人口が七〇億人に達したと発表しました。一九五〇年に二五億人だった地球の人口は六〇年で三倍近くに膨れあがったことになります。さらに二〇二〇年の統計では世界の人口は七八億人を超えています。

しかし果たして世界には本当に七八億もの人が存在しているのでしょうか。人間としての尊厳が確保され、真に人間らしい生活をおくっている人を人間とするならば、実は、世界は、実際には数億の人間と数十億のそうでない個からなっているのではないか。こうした問いかけがなされるくらい、今日の世界は階層化が進んでいます。

例えば、以前、ザイールという国名で呼ばれたアフリカのコンゴ民主共和国では、一九九八年以降二〇〇三年まで続いた内戦により三〇〇万人もの人が命を落としたといわれています。二〇〇一年九月一一日の米国の同時多発テロでは約三〇〇〇人の方が犠牲となりましたが、同じ数の人々が、およそ三年にわたり毎日、毎日命を落とし続けている計算です（東日本大震災にたとえるなら、同じ数の方々が一五〇日間連続して命を落とし続けたことになります）。こうしたおびただしい死の原因は紛争に限りません。新生児の死亡率の高さはすでに確認しましたが、ユニセフによれば、世界では今も毎日約一万五〇〇〇人の五歳未満児が命を落としているという統計もあります。

世界がもし一〇〇人の村だったら

気の遠くなりそうなとてつもない数字ですが、もしこの世界の現状を一〇〇人の村にたとえたら、もう少し理解しやすいかもしれません。『成長の限界』（一九七二年）を記したアメリカの環境学者ドネラ・メドウズ（Donella Meadows, 1941～2001）が、冷戦末期の世界を一〇〇〇人の村にたとえた「村の現状報告」（一九九〇年）というコラムがもとになってインターネット上の記事や絵本になったものです。

世界がもし一〇〇人の村だったら、私たちはどのような村に住んでいるのでしょう。次の数字は、国連開発計画の資料を参考に「人間の安全保障」に関係する側面からみたものです。本書第一刷発行時の二〇〇八年現在の数字です。この本を手にしたあなたは、ぜひ、関心のある項目の最新の数字を調べ、置き換えてみてください。刻々と変わる地球という村の現状と地域によるかたよりが一層理解できるはずです。

この地球上に暮らす人間が一〇〇人だとしたら――

・アジア人は五七人、欧州人は二一人、南米人八人、アフリカ人八人、北米人六人
・最も豊かな二〇人が全体の富の九〇％を消費し、最も貧しい二〇人は一％しか消費していません。
・最も豊かな二〇人は最も貧しい二〇人の七四倍の収入があります。
・一五人は読み書きができません。その内一〇人は女性です。

・二三人は安全な飲み水を口にすることができません。
・一七人はまともな住居がありません。
・一四人は基礎的な医療サービスが受けられません。
・一三人は四〇歳までしか生きることができません。

次に、世界食糧計画（WFP）の資料から、世界の飢餓の状況についてみてみましょう（表1参照）。世界では九人に一人、八億二一〇〇万人が飢えに苦しんでおり、そのほとんどが女性と子どもです。一〇〇人の村にたとえるなら、一一人が飢えで苦しんでいることになります。栄養不足は子どもの知能の発達を遅らせ、身体の発育を妨げます。飢えで死亡する人の数は、エイズやマラリア、結核で死亡する人の合計数よりも多くなっています。また途上国における子どもの死のおよそ三分の一には、栄養失調が関連しているといわれています。

これが私たちの住む、二一世紀の世界の姿です。生まれた地域や国により、あまりに差がありすぎる断絶した世界です。

また、私たち日本人が享受している現代の生活や社会のありようも、日本の長い歴史の流れの中でみるなら、非常に特殊な、特別なものです。

私たちは、長い歴史の縦軸の中で今、どのような時代に生きているのでしょうか。そして、同じ時代の世界を見渡した横軸の中で、どういう地域に住んで

アジア	3億8100万人
サハラ砂漠以南のアフリカ	2億5000万人
中南米・カリブ諸国	4800万人

表1　世界の飢餓の地域別の内訳

いるのでしょうか。人口の急速な減少と世界最高の高齢化率、相次ぐ自然災害を経験する私たちが、日本人として現在を生きるとはどういうことでしょうか。

こうした問題意識をもちつつ、「人間の安全保障」の視点から私たちの生活、世界の国々の状況をみていきたいと思います。そして、歴史の中の「今」のもつ意味、「現在」に生きる地球市民としての役割、日本人であることの意味・役割を問い直す作業を行っていきたいと思います。

第1章　国際社会とは何か――成り立ちと現況

1　国際社会の成り立ち

「人間の安全保障」を考えるにあたって、まず、私たちが住む「国際社会」について整理していきたいと思います。詳しい議論に入る前に、ひとまず、「国際社会」を定義しておきましょう。ここでは、主権国家を主要な構成員とし、ある程度共有された規則や原則、規範などの国際秩序に従って、それ自体が一つの社会であるような集合体を指すものとします。しかし、より普遍的にいうのなら、「それ自体が一つの社会であるような複数の政治単位（国家）が、ある程度共有された規範や原則（国際秩序）に従って、長期にわたって互いに交流や渉外を続けることが可能な大きなまとまり」（小和田恆《ひさし》・山影進『国際関係論』）、ということもできます。

まず、小和田と山影の議論を参照しつつ、この国際社会の成り立ちをみていきましょう。

国際社会の歴史的変遷

今日では単一の国際社会（international society）が、全世界を覆っている、ということができます。地球儀をみれば、国境線が引かれ、いずれも、国土（領土）と国民と政府からなる主権国家、あるいはその一部とされるもの、あるいは自らがそうであると主張する政治単位から構成されています。しかし、この状態は、長い人類の歴史でみれば、たかだか数百年の現象にすぎません。特に、互いの交流が限られていた時代には、今日いうところの国際社会と呼べるような「まとまり」が、地球上に複数併存し、そして消滅してきました。その体制も多様で帝国的体制（古代ローマ帝国、中国の歴代王朝、イスラム帝国、オスマン帝国など）、主権国家的体制（紀元前五世紀のギリシャ、古代中国の春秋戦国時代、近世ヨーロッパの狭義の主権国家体制）、二つの体制の混合型とも呼べる覇権《ヘゲモニー》的体制などです。歴史上存在してきたこうした国際社会に共通する特徴は、すべて、共通の文化や文明に基礎をおいていたことです。

今日の国際社会も、その誕生においては同様で、その起源は、特定の時期の特定の社会、すなわち、一七世紀のヨーロッパにあります。当時の欧州を二分する三十年戦争（一六一八〜四八年）を終結させたウェストファリア条約（一六四八年）によって、土地を媒介として、国王・領主・家臣の間の緩やかな主従関係により形成され、精神的には、教皇を頂点とするカトリック教会の階層的権威によって特徴づけられた中世の封建社会の階層的な秩序が崩壊したといわれます。代わりに、主権を有する多数の国家が併存する近代の国際社会、ウェストファリア体制とも呼ばれる主権国家体制が誕生するのです。私たちが地球儀で見ることができる現在の国際社会は、特定の時期のヨーロッパで生まれた主権国家体制が地球全体に拡大することで成立しました。そもそも、こうした限定的な条件の下で出発した社会が全世界を覆っているのですから、その枠に入りきらない、あるいはその枠では解決しきれない問題も出てくるのは当然です。その議論は後に譲り、ここでは、その拡大の過程を確認していきます。

ウェストファリア条約の締結以降、一九世紀まで「国際社会」は、西欧キリスト教社会であり、その構成員はもっぱら文化的に同質なヨーロッパ諸国でした。それ以外の地域は、「発見優先の原則」によるにせよ、「先占の法理」によるにせよ、国家としては扱われず、植民地としてヨーロッパ諸国の領土の一部とされたのです（石本泰雄『国際法の構造転換』）。

一八世紀後半にアメリカが独立し、さらに一九世紀に入りラテン・アメリカ諸国が相次いで独立すると国際社会は、地理的にヨーロッパの外へと広がりをもつようになります。しかし、これら諸国は文化的には欧州と同質のキリスト教国家であり、この時点では国際社会の一員となることについて、さほど問題は生じません。問題は、一九世紀半ば以降、日本、中国、そしてトルコなどの非キリスト教圏のアジア諸国との接触が顕著になった時に発生します。欧州諸国は「国際社会」の拡大を迫られますが、これらの非キリスト教圏の国々を加えるにあたり、主権国家の三要件（領土・国民・政府）を満たす以外に「文明国（civilized nation）」としての資格をもつことを条件とします（田畑茂二郎『現代国際法の課題』）。この審査を経て、中国は一八四二年（南京条約）に、日本は一八五四年（日米和親条約）に、トルコは一八五六年（パリ条約）に開国され、「国家承認」や不平等条約締結という手続きを通じて初めて、「文明国」として当時の国際社会への加入が認められたのです。

国際社会の拡大と構造変化

こうしてキリスト教を基調とするヨーロッパ文化の土台の上に構成員の同質性・均質性を前提に成立した国際社会は、一九世紀後半のトルコ、日本、中国など非キリスト教圏の国々の加入により、その構成員が、キリスト教圏以外の「文明国」へと拡大しました。さらに人類に未曾有の惨害をもたらした第一次世界大戦の結果として戦争の違法化を目指して成立した国際連盟（一九一九年）と、その欠陥を補うために締結された不戦条約（一九二八年）、さらには、第二次世界大戦後に成立した国際連合（UN：United Nations 一九四五年）により、国際の平和と安定の確保のために武力不行使の原則（国連憲章第二条四項）が確立しました。この部分については次の章で詳述しますが、これをもって、国際連合、すなわち第二次世界大戦後の国際社会は、この憲章を受諾するすべての「平和愛好国（peace-loving states）」に開放されたのです（第四条）。

国連憲章はさらに、すべての国の主権平等原則、人民の同権および自決の原則、国内管轄事項に関する不干渉原則を確立しました。この結果、社会主義国家の出現とともにそれまで植民地・従属地域として西欧諸国の支配・従属関係にあった多数のアジア・アフリカ諸国が、新興独立国家として登場します。その結果、国連に加盟する主権国家数は発足当初の五一ヵ国（一九四五年）から、一九六五年には一一七ヵ国へ、冷戦終結後、連邦国家等の崩壊や分裂も相次ぎ一〇年が経過した二〇〇〇年には一八九ヵ国に、さらに二〇〇六年には一九二ヵ国にまで増大しました。地球上、最も新しい国は、一九八三年以降二〇年以上続いた内戦に終止符を打ち、二〇一一年七月にスーダンから独立をした南スーダン共和国です。アフリカで五四番目の独立国であり、国連加盟国としては一九三番目です。とはいえ、いまだに南北スーダンの国境線が定まらず、衝突が繰り返されるなど、安定した国民国家とは言いがたい状況です。一九三ヵ国の中には、後述するように、国家としての体をなさない「破綻国家」「失敗国家」と呼ばれる国々も含まれ、深刻な問題を引き起こしています。しかし、理論上は、地球の全表面を一七世紀の欧州起源の主権国家体制が覆い、国際社会は大きな変貌を遂げつつ、今日に至っているのです。では今日、国際社会にはどのような変貌がみられるのでしょうか。

階層化する国際社会

国際社会は、国際連合成立後四四年にわたり、政治イデオロギーと経済イデオロギー両面において、米ソの二極構造を基調に、異なる二つの価値体系を奉ずる国家群が相対立する「分裂した世界」として存在していました。しかし一九八九年から九〇年代初頭の冷戦構造の崩壊を経て、国際社会は劇的な変化を遂げていきます。政治的には多元的秩序を基調とする民主主義政治体制、経済的には市場原理を基調とする自由主義経済体制、これらに基づく価値体系を主流とする「一つの国際社会」あるいは「統一した世界」へと移行しつつあります。

しかしながら、この統一した世界は決して一様な社会ではありません。今日の国際社会を特徴づけているのは、国連に加盟する一九三の主権国家間に出現した顕著な「階層化」と主体《アクター》の多様化です。

主権国家の階層化を、国力や制度の面から見ると次のようになります。

国力に着目すれば、アメリカが主導する旧ソ連崩壊後の一元的構造が、急激な成長を遂げた中国の挑戦などを受けて大きく変容し、影響力を低下させています。制度的には米・ロ・英・仏・中の五ヵ国が国連安全保障理事会で拒否権をもつ常任理事国(P5)として、また核不拡散体制下では正統的な核兵器保有国として存在しています。一九六八年採択の「核兵器の不拡散に関する条約」(NPT)第九条第三項にある、NPT条約上の核保有国(核兵器国)の定義は「一九六七年一月一日以前に核兵器その他の核爆発装置を製造し、かつ爆発させた国をいう」であり、これに該当するのがアメリカ(一九四五年)、ソ連(一九四九年)、イギリス(一九五二年)、フランス(一九六〇年)、中国(一九六四年)のP5だからです。

世界経済の運営には、G7(米・日・独・英・仏・伊・加)の政策協調が不可欠となり、これにロシアを加えたG8が政治問題でも協議を行っています。安保理の拒否権や国際通貨基金

（IMF）理事会における加重投票制など特定の大国の権限や特権が多国間条約や制度の中で広く認められているのです。さらに、現在は、「国際経済協力の第一の協議体」として、G20があります。G8に参加する八ヵ国に、EUと新興経済国一一ヵ国（アルゼンチン、インド、インドネシア、オーストラリア、韓国、サウジアラビア、中国、トルコ、ブラジル、南アフリカ、メキシコ）を加えた計二〇ヵ国・地域からなるグループです。G20は、G20首脳会合やG20財務相・中央銀行総裁会議を開催していますが、これら二〇の国と地域の国内総生産（GDP）を合計すると、世界のGDPの九〇%ほどを占め、貿易総額は世界の八〇%、また加盟国の総人口は世界の三分の二に達するといわれます。

他方で、主権国家を構成するはずの要素が崩れ、領域と住民を実効的に統治する政府、という従来の主権国家のモデルに当てはまらない国々が「疑似国家（quasi-state）」、「破綻国家」（collapsed state）あるいは「失敗国家」（failed state）として出現し、一七世紀以来のウェストファリア体制を揺るがしています。

国家が本来守るべき国民の権利を侵害するどころか、多くの国民を虐殺するような事態も出現し、国際社会が到底看過できない、深刻な人道危機が頻発しています。「複合的な緊急事態（complex emergencies）」とも称されるこれらの大規模な危機は、第7章でみるとおり、国際社会に「介入」の意義を問い直させています。

アクターの多様化

国際社会におけるアクターの多様化も顕著です。従来は、主権国家と主権国家の意思により設立された国際機関のみが国際社会の主体《アクター》とみなされてきました。しかし二〇世紀後半以降、国境を越えて、ヒト・モノ・カネ・情報が行き交い、国家間の共通利益や国際社会全体の普遍的利益の存在が確認されるようになると、国際社会や本来国家間の法である国際法の領域においても、非国家主体の位置づけが大きく変貌を遂げています。国境を越えて、トランスナショナルな市民によるネットワーク組織が、大きく擡頭《たいとう》し、国際的な規範形成の場に重要な役割を果たしています。その領域は、軍縮、環境、開発、貿易、国際刑事法廷など多分野・多領域にわたっています。今日では、後述するように、ＮＧＯ（非政府組織 Non Governmental Organization）が主要な国際社会のアクターとして認められています。

また、ＮＳＡ（Non State Actors）と呼ばれる非国家主体が紛争の当事者となるケースが激増、紛争が多様化しつつあります。

【コラム①】破綻国家

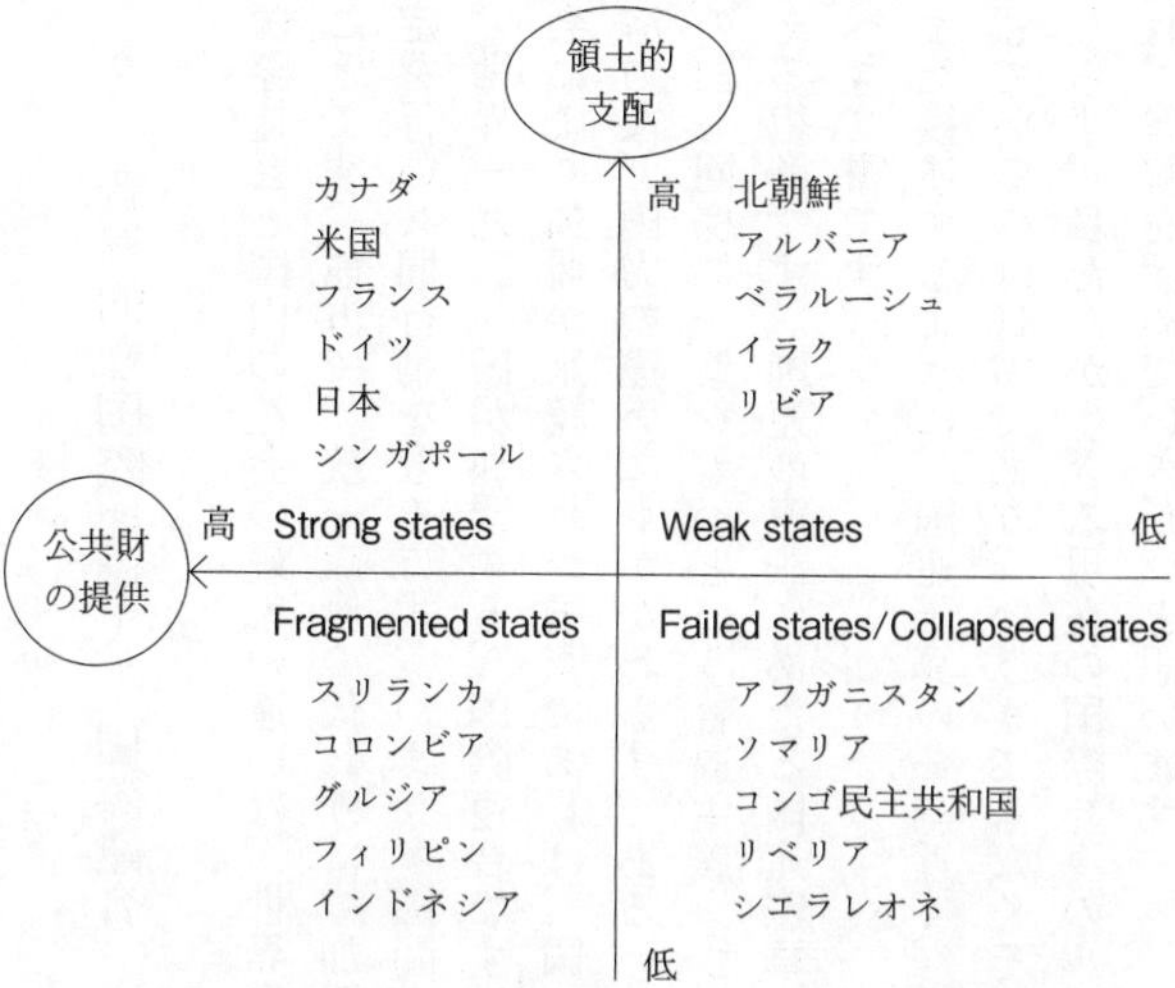

ハーバード大学の「破綻国家プロジェクト」のロトバーグ（Robert I. Rotberg）らは公共財の提供能力や領土の管轄権などから分類し、「弱い国家（weak states）」「失敗しつつある国家（failing states）」「失敗国家（failed states）」「破綻国家（collapsed states）」「分裂国家（fragmented states）」に分類した。「破綻国家」としてはソマリア、「失敗国家」としては、アフガニスタン、アンゴラ、ブルンジ、コンゴ民主共和国、リベリア、シエラレオネ、スーダンを挙げた。また破綻国家・失敗国家の特徴としては、領土の管轄権の喪失、組織的暴力からの国民の保護能力の欠如、行政機構の崩壊、公共財の提供能力の欠如、国民に対する正統性の欠如が挙げられる。公共財（public goods）とは、人々が共同で消費し、対価を支払わない人を排除できず、ある人の消費によって他の人の消費が妨げられない財やサービス。一般の道路、消防、警察、保健医療、公園など。

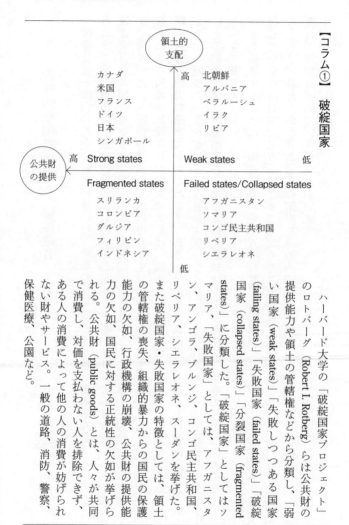

2　普遍的な国際機構――国際連合

国際社会と国内の社会の最大の違いは、世界全体を統治する世界政府が存在するか否かということです。他方で、統一政府の代わりに、加盟国が共通のルールや基準に従い、共同で意思決定を行い共同行動を取る方式、つまり多国間主義を基調とする普遍的な国際機関は存在します。世界一九三ヵ国が加盟する、国際連合です。国際連合は、主権国家としての体裁を整え、総会により加盟が承認された国家であれば、国の規模の大小にかかわらず、軍事力や政治力、経済力など国力の違いにもかかわらず、あるいは民主主義国家であろうと独裁国家であろうと、どの国も同様に一票をもつという普遍主義（universalism）に貫かれた、国際社会の代名詞ともいえる組織です。国連の憲法にあたる国連憲章は、その意味で、現在の国際社会の憲法ともいうべき文書です。

また後述するように、国連予算の一割近く、世界で三番目に多く、この国際機関の財政を負担しているのは日本であり、いうまでもなくその原資は、私たちの税金です。こうした関係のみならず、私たちが生きる現在の国際社会のルールを理解するためにも、まず国連について整理し、理解を深めていきたいと思います。

国際社会の憲法——国連憲章とその原則

国際連合の憲法であり、また国連を成立させた国連憲章は、一九四五年四月二五日から六月二六日にかけて、アメリカのサンフランシスコで開催され五〇ヵ国が参加した、「国際機構に関する連合国会議」（通称サンフランシスコ会議）において採択され、同年一〇月二四日（国連デー）に発効した多国間条約です。これに先立ち連合国側は、四大国（米・英・ソ・中）が中心となり一九四四年八月二一日から一〇月七日にかけてダンバートン・オークス会議で、条文を起草、翌一九四五年二月四日から一一日のヤルタ会談においてさらなる調整が加えられました。国際連合の英語名が、United Nations であることはみなさんもご承知のとおりですが、そもそも United Nations とは日独伊三国同盟を中心とする枢軸国（Axis Powers）に対する、「連合国」の意味でもあります。日本語訳は「国際連合」となりましたが、中国語では現在でも、「連合国（联合国）」と表示されています。国連憲章は、戦勝国（連合国）側が想定した第二次世界大戦後の世界秩序を表しています。

しかし設立後七〇年を経て、加盟国も国連そのものの任務も大きく変容しています。他方で国連の構造は変わっておらず、この構造に起因する欠陥も抱えています。そのことの意味を私たちは前提として理解しておくべきでしょう。

全加盟国が加入する、国連の憲法ともいうべき条約・国連憲章は一一一条からなり、国連の目的と原則、主要機関の構成と任務、紛争の解決方法法を規定しています。

国連憲章第一条には四つの目的が記されていますが、中でも最も重要な目的は、一生のうちに二度まで言語に絶する悲哀を人類に与えた戦争の惨害から将来の世代を救うため（国連憲章の前文）、「国際の平和及び安全を維持すること。そのために、平和に対する脅威の防止及び除去と侵略行為その他の平和の破壊の鎮圧とのため有効な集団的措置をとること並びに平和を破壊するに至る虞《おそれ》のある国際的の紛争又は事態の調整又は解決を平和的手段によって且つ正義及び国際法の原則に従って実現すること」（第一条一項）です。この目的は、そのまま安全保障理事会の任務および権限に重なります。国連には、安全保障理事会のほかに、総会、経済社会理事会（経社理：ＥＣＯＳＯＣ）、信託統治理事会、国際司法裁判所（ＩＣＪ）、事務局という主要機関がありますが、安保理の決定のみが加盟国に対し法的拘束力を持ち（第二五条）、後述する常任理事国制度を持つなど、安全保障が最も上位に置かれた組織です。

第一条の目的に続き、第二条で国連の重要な原則が規定されています。それは、加盟国の主権平等（第二条一項）、武力による威嚇またはその行使の禁止（第二条四項）、内政不干渉（第二条七項）という原則です。

国際社会の紛争解決

国内社会と国際社会の決定的な違いは、統治権をもつ政府が存在するか否かであることはすでに述べました。この違いを、紛争の解決方法からあらためて確認したいと思います。

国連に加盟する主権国家である諸国は、後述する破綻国家や、そもそもその国の特徴や成り立ちが、特定の時期の特定の地域で誕生したウェストファリア体制になじまない地域を除いて、多くが法治国家です。法治国家とはつまり、政治や国民が法によって支配される国家です。議会が定立した法により秩序が維持され、その違反は独立した裁判所によって裁かれます。法に従わず、社会公共の秩序や安全を乱すと判断されれば、国の統治権に基づき、強制力をもつ警察が介入します。

この「法」「裁判所」「警察」というキーワードを国際社会に当てはめてみましょう。まず、国際社会を構成する諸国は、国際条約、国際慣習や法の一般原則からなる国際法によって拘束されますが、国際社会の憲法である国連憲章は、これを受諾した加盟国のみを拘束しています。以下、国連加盟国を国際社会として、話を進めます。

国際連合で法を作る、すなわち条約を作る役割を担っているのは、総会です。憲章第一三条で、国際法の漸進的発達および法典化を奨励することが明記されています。このため、総会には、国際法の法典化と起草を行う下部機関、国際法委員会（ILC）が一九四七年に設置されています。

国連の主要機関の一つに国際司法裁判所があります。国連の主要な常設司法機関として、国連憲章によって設置されました。その組織と任務は、国際司法裁判所規程で規定されています。まず、裁判所に係属する事件の当事者となれるのは、国のみ。また、国内の裁判所と異なり、管轄権は、非常に限定的です。ＩＣＪが管轄権を有するのは、当事国が裁判所に付託した事件のみ、かつ、当事国双方が同意したものでなければなりません。国際社会に強制力を持った統一政府が存在せず、また諸国の主権平等という大原則のゆえです。

では、国際社会の警察的機能は誰が果たしているのでしょうか。第二次世界大戦後の国際社会のグランドデザインでもある国連憲章には、集団的安全保障を実現する「国連軍」の発想がありました。憲章第四三条に従ってあらかじめ安全保障理事会と特別協定を結んだ加盟国が安保理の要請に基づき必要な兵力や便益を提供するというものです。安全保障理事会は、憲章第四七条三項により軍事参謀委員会の助言を得て、当該兵力の使用計画を立て、これを指揮する計画でした。しかし、発足直後から深刻化した東西の対立もありこれが実現することはありませんでした。その後現在まで、憲章第四三条の兵力提供協定を結んでいる加盟国はなく、安保理が指揮する国連軍が組織されたこともありません（朝鮮戦争〔一九五〇―五三年〕では、米軍を主体とする「朝鮮国連軍」が組織され、北朝鮮〔朝鮮民主主義人民共和国〕と戦闘を行いましたが、実態は米軍およびその同盟軍であり、国連憲章で想定された国連軍とは異なるものです）。

国連の平和維持活動

では、国連の平和維持活動（ＰＫＯ：Peace Keeping Operation）がこれに当たるのでしょうか？　実は、国連憲章には、どこにもＰＫＯについての明文規定や根拠規定がなく、「憲章六章半」の措置と呼ばれます。PKOの派遣は、武力紛争が実際に生じた後の措置であることから、紛争の平和的解決（第六章）には該当せず、また受入国の同意を前提としている点で強制措置（第七章）にも当たらないからです。PKOは、国連が世界各地の紛争地の平和の維持を図る手段として、実際の慣行を通じて実施し、発展してきたものです。

PKOとは、紛争当事者間の停戦合意が成立した後に、国連が安全保障理事会、または総会決議に基づいて、当事者の間に入り、停戦や軍の撤退を監視することで紛争の再発を予防し、平和裏に紛争解決が実行されることを支援する活動です。伝統的には、紛争当事者の間に立って、停戦や軍の撤退の監視等を行い、紛争当事者による対話を通じた紛争解決の支援を目的とする活動でしたが、冷戦終結後、国連の役割の高まりとともに、国際社会が対応を求められる紛争の多くが国家間の紛争から国内の紛争および国内紛争と国際紛争の混合型へと変わった結果、国連PKOの任務も多様化しています（外務省ホームページより）。

設立以来、今日（二〇二〇年八月現在）までに計七一の平和維持活動が実施され、今日でも一三の活動が展開中です。PKOには三つの原則があります。第一は当事者の同意原則です。派遣も派遣後の行動も、すべての紛争当事者の合意に基づいて行動することです。第二は、公平の原則。紛争の各当事者に対し、国連は公平かつ不偏不党の立場であること、第三は、自衛とマンデート（委任された権限）防衛以外の武力不行使、裏を返すと、必要な時に自衛のための最小限の武力行使が可能、という原則です。

当事者の同意を必要とし、常設ではない点、また、自衛目的以外、武力の不行使を原則とすることからも、ＰＫＯは、当初想定された国連の集団的安全保障体制に基づく国際社会の「警察」的な役割を担うものではないということができます。

安全保障理事会

国連の集団的安全保障の中核にあるのは、安全保障理事会（安保理）です。安保理は、憲章第二三条の規定に従い、一五ヵ国から構成されます。その内訳は、地理的配分などを考慮し二年ごとに改選される非常任理事国（non-permanent members）一〇ヵ国と、改選のない常任理事国（permanent members）五ヵ国（Ｐ５）です。五ヵ国とは、米・英・仏・ロ・中の五ヵ国を指しますが、これも、憲章第二三条に明記されています。

安保理の最も一般的な権能は、「平和に対する脅威、平和の破壊又は侵略行為の存在を決定し（determine the existence）、並びに、国際の平和及び安全を維持し、又は回復するために勧告をし（make recommendations）、又は憲章第四一条（非軍事的措置）及び第四二条（軍事的措置）に従っていかなる措置を取るかを決定する（decide what measures shall be taken）」（国連憲章第三九条）ことです。

この三つの行為のうち、安全保障理事会の権限として、最も知られているのは三番目の対処措置の決定とその発動です。しかし、ここで注目すべきは、一連の行為の基本となる一番目の

「存在を決定する」という行為です。世界のどこかで、「国際社会」の介入を要請する事態が発生したとしても、それが国連憲章第七章の国際の平和と安全に関係する事態であるか否か、あるいはそもそも、国際の平和と安全に関係する問題が存在するのか否か、その決定そのものを行うのが安保理です。

安全保障理事会の決定は、それが手続き事項であれば安保理メンバー一五ヵ国の内、九理事国の同意で事足ります。しかし手続き事項ではない、国際の平和と安全に関する事項については、賛成票を投じる九理事国の中に五常任理事国（P5）がすべて含まれなければなりません（第二七条）。つまりP5が拒否権（Veto）をもつわけです。国連は、中小国、あるいは、P5とは無関係の国が行う侵略行為にしか強制行動がとれないことになります。

国連のこうした構造は、現在の国際社会の実情を反映しているとは言いがたく、国連改革、安保理改革の必要性が指摘され、さまざまな努力が続いています。しかし、いずれも国連憲章に明記されている事柄で、改革には国連憲章そのものの改正が必要になります。憲章の改正は「総会の構成国の三分の二の多数で採択され、且つ、安全保障理事会のすべての常任理事国を含む国際連合加盟国の三分の二によって各自の憲法上の手続に従って批准」されねばなりません（憲章第一〇八条）。P5はここでも拒否権を発動できるのです。

総会

一九三の加盟国すべてによって構成されるのが、国連総会です。すべての加盟国が平等に一票の投票権を有し、国連の諸機関の中で、最も民主的正当性が高いといえます。総会は国際の平和と安全の維持についての協力に関する一般原則を、軍備縮小や軍備規制の原則も含めて審議し、これらの原則について加盟国や安全保障理事会に勧告することができ（憲章第一一条）、また国際の平和や安全を危うくする虞のある事態に安保理の注意を促すこともできます（同上）。政治的分野においては国際協力を促進すると同時に、国際社会を社会たらしめる規則や規範の基礎となる国際法の法典化を奨励することもできます（同第一三条）。経済的、社会的、文化的、教育的および保健的分野において国際協力を促進しています（同上）。こうした権限を根拠に、総会は、これまで国連開発計画（UNDP）、国連児童基金（UNICEF）、国連難民高等弁務官事務所（UNHCR）、国連人権高等弁務官事務所（OHCHR）、世界食糧計画（WFP）など一七の補助機関と、国際法委員会（ILC）、国連軍縮研究所（UNIDIR）、国連軍縮委員会（UNDC）など一六の委員会を設立してきました。

こうした幅広い権能をもつ総会ではありますが、総会決議には、政治的重要性はあるにせよ、加盟国を縛る法的拘束力はありません。また、国際連合の第一の目的である国際の平和および安全の維持の主要な責任は安全保障理事会に属します。しかし安全保障理事会とは別の意味で、国際社会の総意をまとめる重要な機関であり、常任理事国の拒否権の発動により安保理が機能不全に陥った場合には、緊急特別総会を開き、集団的措置を勧告できる仕組みもあります。朝鮮戦争のさなか、一九五〇年一一月三日の第五回総会で採択された「平和のための結集決議」（国連総会決議三七七）です。これまでにこの決議に基づいて、第二次中東戦争（一九五六年）、レバノンなどの中東問題（一九五八年）、コンゴ問題（一九六〇年）、第三次中東戦争（一九六七年）、アフガニスタン問題（一九八〇年）などで、緊急特別総会が開かれています。

国連事務局と事務総長

あらためて国連とは誰を指すのでしょうか？　いうまでもなく、主役は一九三の加盟国です。それぞれの国の担当大使や、大使館員がニューヨークに常駐し、国連の場で討議や活動を行っています。こうした活動を支えるのは、国連の主要六機関の一つである国連事務局で、国際公務員といわれる国連職員です。国連事務局には一八七ヵ国から集まった三万七五〇五人の職員が雇用されています。このうち一万七四〇七人（四六％）がフィールド（世界各地の事務所）に勤務しています。憲章第一〇〇条は、事務総長および国連職員に関して「その任務の遂行に当って、いかなる政府からも又はこの機関外のいかなる他の当局からも指示を求め、または受けてはならない」としています。特定国の利害を代弁しない中立性が求められるわけですが、他方で、自国の国連職員の数を増やす、というのは、諸国の、特に資金拠出国や中小国の間で重要な外交政策の一つとなっています。二〇一九年一二月末現在、九一二人の日本人が専門職職員として世界各国にある国連関係機関で活躍していますが（他のＧ７各国の職員数は一〇〇〇人台から三〇〇〇人台）、事務局で働く日本人職員は七五人（うち女性四四人）。日本の「望ましい職員数」二〇三人に及びません。

さて、この事務局を統括するのが、国連事務総長（ＵＮＳＧ：UN Secretary-General）です。国連憲章第九七条の定めに従って、安保理の勧告により総会が五年の任期で任命します。安保理の意に沿わない候補者は選出されない仕組みです。

事務総長という職は国連の最高幹部かつ事務の統括者であり、国連の象徴ともいえる、きわめて特殊な存在であり職務です。「事務総長は、国際の平和及び安全の維持を脅威すると認める事項について、安全保障理事会の注意を促すことができる」という憲章第九九条の定めに従って、政治的任務が可能となっています。紛争の調停や仲介、国連平和維持活動についても大きな役割を果たしています。

国連創設以来これまでに九人の事務総長が任命されてきました。初代はノルウェーのトリグブ・リー（Trygve Lie, 1946～52）、次いでスウェーデンのダグ・ハマーショルド（Dag Hammarskjöld, 1953～61）。その後は、非公式ながら、事務総長を地域グループの輪番制とすることが加盟国間で合意されています。これに従い、事務総長ポストはアジア（ビルマ〔現ミャンマー〕のウ・タント U Thant, 1961～71）から欧州（オーストリアのクルト・ワルトハイム Kurt Waldheim, 1972～81）、ラテン・アメリカ（ペルーのハビエル・ペレス・デ・クエヤル Javier Pérez de Cuéllar, 1982～91)、アフリカ（エジプトのブトロス・ブトロス＝ガリ Boutros Boutros-Ghali, 1992～96)、ガーナのコフィ・アナン Kofi Annan, 1997～2006)、再びアジア（韓国の潘基文 Ban Ki-moon, 2007～2016)、そして欧州（ポルトガルのアントニオ・グテーレス Antonio Guterres, 2017～）へと移っています。規則上、五年の任期を何期務めるかに関する制限はありませんが、現在まで、どの事務総長も二期まででその職を退いています。

九人の事務総長それぞれに特徴がありますが、国際機構論を専門とする最上敏樹は《平和のための国際機構》である国連の事務総長に何が求められるか、その使命を強烈に意識していた人物としてハマーショルドを挙げています。超大国や特定の加盟国の利害に偏ることなく、国連憲章の目的や基本原則という客観的基準に則って、つねに国際社会全体の視点から問題に向き合ったからです。ハマーショルドは不偏不党の立場を取りつつも、加盟国の対立に立場を明らかにしないというような安易な中立を実践したわけではありません。最上は、国々の利害を超え、国々に従属するものではない国連事務総長のあるべき一つの形をハマーショルドにみるといいます。政治的にデリケートな問題を見抜く独特の感受性、安保理の常任理事国である英仏に対し、正面から批判を加えた勇気とバランス感覚。国際連合は、歴代の事務総長の職務の遂行ぶりにも大きな影響を受け、また、ＰＫＯにも、時の事務総長の世界観や国連観が色濃く反映されています。

国連の構造的欠陥

以上、国連の概要を確認してきました。多様化・多元化した国際社会の中で、第二次世界大戦後の国際社会の設計図でもあった国連憲章と国連は、安保理の位置づけのように、構造的な欠陥を抱えていることは疑いようのない事実です。また戦後処理の一環であることを裏付けるように、憲章第一〇七条には旧敵国条項と呼ばれる項目がいまだに存在しています。

しかし、そうした構造的な問題を抱えようと、国連が多角的な交渉の場であり、国際社会の総意をまとめる、世界で唯一の普遍的な組織であることに変わりはありません。元国連事務次長で、カンボジア（UNTAC：国連カンボジア暫定統治機構）と旧ユーゴスラビア（UNPROFOR：国際連合保護軍）という一九九〇年代を特徴づける二つのPKOの代表を務めた明石康は、「多くの欠陥、短所のある国連を、構造的な限界の中でうまく使うこと、不完全であるが、現代の国際社会にとって不可欠な存在としての国連という視点を見失ってはいけない」と述べています。国連という組織に過度な期待をもつのは禁物ですが、絶望してもいけない。まさに国際社会そのものかもしれません。

3　誰が国際社会を支えているのか

誰がカネを出すのか

では、こうした国際社会を誰がどのように支えているのでしょうか。第一義的な国際社会を国連とみた場合、この国際機構の財政基盤を支えるものが、国際社会を財政的に支えていることになります。国連の通常経費の分担率から確認しましょう。

各加盟国の分担率は、基本的に加盟国の「支払能力（Capacity to pay）」に応じて国連総会で決定されます。各国の経済力（国民総所得GNIの世界計に対する各国の比率、具体的には直近六年及び直近三年のGNI比率の平均に対応）を基礎としながら、合意された一定の算出方法に従って、途上国に対して対外債務や一人当たりの国民所得に応じた割引措置があるほか、後発開発途上国（LDC）の上限は全体の〇・〇一％となっています。

また、米国の負担率が一時期、二五％を超えたため、特定の加盟国に過度に依存するのは適当ではないとの配慮から、分担率に上限（シーリング）が設けられ、二〇〇一年以降は二二％と定められています。また、加盟国である以上、財政状態が逼迫《ひっぱく》しようといかなる国家も最低限の負担が必要との配慮から、分担率の下限（フロア）も〇・〇〇一％と定められています。

さらに、低・中所得国について、累積債務額の一二・五％をGNIから差し引く債務調整もあります。以上の途上国の調整措置の対象国としては、債務調整（the debt-burden adjustment）が一二二ヵ国、低所得割引（LPCIA＝low per capita income adjustment）が一三〇ヵ国、下限調整（the minimum assessment rate or floor）が一六ヵ国、LDCの上限調整（the least developed countries ceiling）が八ヵ国です。分担率の上限・下限、途上国に対する優遇等のために割り引かれた分担金は、日本をはじめとした先進国（上限が適用される米国を除く）に割り当てられ、GNI比率で示される経済力に比して引き受けているのが実情です。

こうして決定される国連分担金の比率（分担率）は、三年に一度国連総会で見直されます。主要国の分担率は表2のとおりです。日本の分担率は、八・六％であり、米国（二二％）、中国（一二％）に次いで三位。以前は、英・仏・中・ロの常任理事国四ヵ国の計とほぼ同額かそれ以上を負担していました。財政的には、国際社会（国連）を構成する一九三ヵ国のうち、米・中・日・独・英の五ヵ国で五四・二二％を負担し、上位一〇ヵ国で約七割を負担していることになります。

では、安全保障理事会の決定に従い、国際の平和と安全を守るためにPKOが決定された場合、その財源はどこから賄われるのでしょうか？　PKOに際しては、国連の通常活動のための通常予算とは別にPKO予算が立てられ、加盟国は国連総会が決定するPKO予算および分担率に従ってPKOの経費を負担します。PKO予算に適用される分担率は通常予算の分担率を基本としつつも、途上国に負担軽減措置（GNIに応じた割引調整）があり、その分をP5が割り増しして加重負担をしています。日本をはじめとする先進国は、通常分担率と同じ分担率が適用されています。このように、PKO予算も基本的に国連分担金同様、一部先進国が支えている構図となっています（外務省ホームページ）。

順位（2019－2021年）	国名	2016－2018年（%）	2019－2021年（%）	2020年分担金額（100万ドル）	累計（%、分担金額ベース）
1	米国	22	22	678.6	
2	中国	7.92	12.01	336.8	
3	日本	9.68	8.56	240.2	
4	ドイツ	6.389	6.09	170.8	
5	英国	4.463	4.57	128.1	54.22
6	フランス	4.859	4.43	124.2	
7	イタリア	3.748	3.31	92.8	
8	ブラジル	3.823	2.95	82.7	
9	カナダ	2.921	2.73	76.7	
10	ロシア	3.088	2.41	67.5	69.7
11	韓国	2.039	2.27	63.6	
12	豪州	2.337	2.21	62.0	
13	スペイン	2.443	2.15	60.2	
14	トルコ	1.018	1.37	38.5	
15	オランダ	1.482	1.36	38.0	
16	メキシコ	1.435	1.29	36.2	
17	サウジアラビア	1.146	1.17	32.9	
18	スイス	1.140	1.15	32.3	
19	アルゼンチン	0.892	0.92	25.7	
20	スウェーデン	0.956	0.91	25.4	84.18
	その他（173ヵ国）	16.220	16.17	453.5	15.82
	合計	100%	100%	2,866.8	100%

表2　国連通常予算分担率・分担金の上位20ヵ国
（外務省ホームページより筆者作成）

誰がヒト・兵力を出すのか

以上、財政負担という側面から国際社会をみてきましたが、金銭だけで国際社会が機能するわけではありません。特に、国際の平和と安定のためのPKO活動において、これが機能するには、財政面同様、兵員・要員を提供する国の存在が必須です。

二〇二〇年八月末現在、国連のPKOには、計一一九ヵ国から八万一八二〇名の要員が派遣されています。その内訳をみると表3のとおり、国連分担率とは対照的に上位一〇ヵ国は中国を除きすべて途上国であり、特にバングラデシュ、エチオピア、ルワンダの上位三ヵ国で全体の約二四%、これにネパール、インドを加えた上位五ヵ国で約四〇%を占めています。国際の平和への貢献という目的もさることながら、PKO要員に対し国連から支払われる外貨獲得などが主な理由と考えられます。

さらに、別の視点からPKO派遣国をみることができます（表4、5）。PKOに人的負担をする諸国の中には際立って多くの犠牲者を出している国もあります。国際社会の行うPKOをまさに、犠牲者の命や血であがなった国々ともいえます。P5に比べ政治的発言力は小さく、分担金も少なくとも、これらの国も紛れもなく国際社会の主要構成員というべきでしょう。

順位	国名	派遣人数	全体比（%）	累計（%）
1	バングラデシュ	6731	8.23	
2	エチオピア	6662	8.14	
3	ルワンダ	6322	7.73	24.1
4	ネパール	5682	6.94	
5	インド	5353	6.54	37.58
6	パキスタン	4440	5.43	
7	エジプト	3093	3.78	
8	インドネシア	2837	3.47	
9	中国	2531	3.09	
10	ガーナ	2480	3.03	56.38
	他109ヵ国計	35689	43.62	
	119ヵ国総計	81820	100%	

常任理事国および国連分担金上位国

順位	国名	派遣人数	全体比（%）
9	中国＊	2531	3.09
19	イタリア	1085	1.33
30	フランス＊	706	0.86
31	韓国	697	0.85
37	ドイツ	504	0.62
48	イギリス＊	279	0.34
70	ロシア＊	70	0.09
77	カナダ	34	0.04
78	アメリカ＊	33	0.04
105	日本	6	0.01

表３　国連ＰＫＯへの国別派遣人数（2020年８月末現在）
＊は常任理事国　国連平和活動局（DPO）ホームページより筆者作成

	名称	死亡者数	派遣期間
13	UNOSOM 国連ソマリア活動	160	第1次1992.4〜1993.3 第2次1993.3〜1995.3
14	UNOCI 国連コートジボワール活動	151	2004.4〜2017.6
15	MINUSCA 国連中央アフリカ多面的統合安定化ミッション	123	2014.4〜現在
16	UNMISS 国連南スーダンミッション	86	2011.7〜現在
17	UNTAC 国連カンボジア暫定機構	82	1992.3〜1993.9
18	UNMIS 国連スーダンミッション	60	2005.3〜2011.7
19	UNDOF 国連兵力引き離し監視隊	55	1974.6〜現在
20	UNMIK 国連コソボ暫定行政ミッション	55	1999.6〜現在

表4　国連ＰＫＯミッション別犠牲者数
(上位20ミッション　2020年８月末現在)
国連DPOホームページより筆者作成

	名称	死亡者数	派遣期間
1	UNIFIL 国連レバノン暫定隊	319	1978.3～現在
2	UNAMID ダルフール国連・AU合同ミッション	281	2007.7～現在
3	ONUC コンゴ国連軍	249	1960.7～1964.7
4	MINUSMA 国連マリ多面的統合安定化ミッション	220	2013.4～現在
5	UNPROFOR 国連防護軍	213	1992.2～1995.12
6	UNMIL 国連リベリアミッション	204	2003.9～現在
7	MONUSCO 国連コンゴ(民)安定化ミッション	198	2010.7～現在
8	UNAMSIL 国連シエラレオネミッション	192	1999.10～2005.12
9	MINUSTAH 国連ハイチ安定化ミッション	187	2004.6～2017.10
10	UNFICYP 国連キプロス平和維持軍	183	1964.3～現在
11	MONUC 国連コンゴ(民)ミッション	161	1999.11～2010.6
12	UNEF 国連緊急軍	160	第1次1956.11～1967.6 第2次1973.10～1979.10

順位	国名	死亡者数累計	死亡者が多い任務
1	インド	173	ONUC 39、 UNEF 27、 MONUSCO 17
2	ナイジェリア	155	UNAMID 39、 UNAMSIL 33、 UNMIL 33
3	パキスタン	153	UNOSOM 40、UNMIL 23、 UNAMSIL 22
4	バングラデシュ	153	UNAMSIL 25、UNOCI 22、 UNMIL 20、MONUC 17
5	ガーナ	141	ONUC 49、UNFIL 34
6	エチオピア	133	UNISFA 34、UNAMID 30
7	カナダ	123	UNEF 53、UNFYCYP 29
8	フランス*	114	UNPROFOR 48、UNIFIL 38
9	イギリス*	106	UNFICYP 60、UNPROFOR 25
10	アイルランド	90	UNIFIL 47、ONUC 27
	上位10ヵ国小計	1341	
	アメリカ＊	77	UNOSOM 30、UNTSO 7
	ロシア＊	51	UNPROFOR 13、UNMISS 7
	中国＊	20	MINUSTAH 4
	ドイツ	17	MINUSTAH 4、UNMIK 3
	日本	6	UNTAC 2、UNMIT、 UNMOT、UNTAG、 MINUSCA 各1
	総計	3993	2011年末までの死亡者数合計は2966人。その後およそ9年で約1000人増加した。

表5　国連ＰＫＯの国別死亡者数（1948年～2020年８月末累計）
国連DPOホームページより筆者作成

多国籍軍と地域機構軍

冷戦終結後、安保理や国連総会決議に基づいて任務や組織の編成、財政措置が講じられ国連が統括するPKOとは別に、安保理の決議という形で安保理の授権を得るものの、国連の統括下に入らずに、各国が合同で編成する介入の様式も登場しています。国連憲章が予定した憲章上の「国連軍」ともPKOとも異なる性格をもった多国籍軍（Multinational force, Allied forces, Coalition forces）と呼ばれるもので、諸国がそれぞれの責任において派遣しています。「国際の平和と安全に第一の責任を有する」安保理により必要な権限を授権された加盟国が多国籍軍を編成・派遣し、平和・秩序の回復・維持、人道支援活動に従事するもので、例としては湾岸多国籍軍、イラク北部におけるクルド人保護、ソマリア、ルワンダ、ハイチ、アルバニア、中央アフリカ、ボスニア・ヘルツェゴビナ、コソボ、東ティモール、アフガニスタンといった例があります。

また、ここでは深く議論しませんが、またそれぞれ事情は異なりますが、国際法上、そして国連安保理との関係において大きな論議を呼んだものに、二〇〇一年九月一一日の米国の同時多発テロ以後、米国主導で行われた対アフガニスタン軍事作戦とイラク戦争、二〇一八年の米英仏のシリア攻撃があります。さらにボスニア・ヘルツェゴビナにおける北大西洋条約機構（NATO）、リベリアやシエラレオネのECOMOG（西アフリカ諸国経済共同体＝ECOWAS監視団）のような地域機構軍による介入、強制行動もあり、これら多国籍軍や地域機構軍、あるいはその構成国が「国際社会」を形成すると主張する場合もあります。

国際社会をどうみるか

他方で、こうした地域機構が国際社会を代表することには強烈な異議申し立てもあります。一九九九年のNATOによるコソボ空爆にあたっては、NATOが一貫して自らの行為を、人道と「国際社会（インターナショナル・コミュニティ）」の名の下に正当化しました。しかしこの行為の正当性が討議された安保理で、インド政府は、「中国、ロシア、インドが反対し、全人類の半数の代表が空爆に反対しているのに、『国際社会（インターナショナル・コミュニティ）』が賛成したといえるのか」という主張を行っています。*

＊ UN Press Release, SC/6659, 26 March 1999. インドの国連代表 Kamalesh Sharma の発言。中国、ロシア、インド政府の代表が反対したことをもって「全人類の半数の代表（representatives of half of humanity）」と述べた。三ヵ国の人口推計は約二五億人で一九九九年当時の世界人口六〇億人の約四二％にあたる。

このインド政府の、なぜ一部の国を「国際社会」と同一視できるのか、という発言は現在の国際社会の特徴をうまく言い当てています。

そもそも国連は戦後処理の一環として、戦勝国である連合国（United Nations）が作った組織であり、今日の課題に対応するような仕組みとして想定されたものではありません。ではP5

は何を基準に、国際の安全と平和に関わる事態の存在を決定し、行動を決定するのでしょうか。コスモポリタンや国際レジーム論的には、その行動を決定づけるのは国際社会の普遍的利益や国家間の共通利益であり、リアリスト的には、大国の関心のいかん、すなわち一見「国際社会」の共通益に従った行動に見えるものであっても、実際は力のある大国の関心の反映にすぎず、「国際社会」はこれら強国の国益の実現のための手段であるということになります。他方で、国際政治学者ヘドリー・ブル（Hedley Bull, 1932～85）が注目を促したマルクス主義的見解においては、すべての社会的機能として、規則はある社会の構成員の共通利益のための道具としてではなく、むしろその社会を統治している支配階層に属する構成員の特別利益のための道具として機能しているということになるのです。

筆者が専門としているジェノサイド（集団殺害）をはじめとする人道問題の場合、P5の判断の基準はどこにあるのでしょうか。①その人道問題の規模（犠牲者や難民・国内避難民の数）であるのか、②暴力行為の性質（ジェノサイド条約のジェノサイドに該当する行為か、該当しない大量殺害か、大規模な殺人、暴力、強姦など）なのか、③犠牲者のカテゴリー（特定の人種・民族・宗教・政治的集団等への帰属、性別、年齢層）なのか、④地理的特殊性（特定の国や地域からの距離、石油など天然資源の有無）なのか、⑤歴史的背景（旧植民地や過去に起きた大規模な問題との連関）なのか、⑥当該国の統治・問題解決能力（破綻・失敗国家）なのか、⑦安全保障問題への波及効果（国際的紛争に発展しうるかなど）なのか、⑧特定国の国内政治との関連（特定国の国民や市民社会、メディアの関心、当該問題に関連するロビー集団の存在など）なのか、⑨国際的な関心（メディアの関心の度合い、国際的な市民社会の活動など）の有無か、⑩さらに9・11以降は、テロとの戦いとの関連（アルカイダとの関連）の有無であるのか。あるいはこれらの程度や組み合わせによるものなのか。

究極のところ、現代の国際社会にこれらを判定する客観的基準は存在せず、その代替機能として、「政治的に」決定する制度が準備されている、ということができるでしょう。それが安全保障理事会であり、拒否権をもったP5が最終決定権者であるきわめてリアリスト的色彩が濃いということができます。

【コラム②】 国際社会をめぐる三つの思想的伝統

ホッブス、カント、グロティウス

そもそも、上位の統治機構を持たない主権国家による国際政治、国際関係に「社会」と呼べるものが存在するのか、あるいは単に「国家からなるシステム」にすぎないのか。この根源的な問いをめぐっては、近代の主権国家システムの歴史を通じ、互いに競合する三つの思想的伝統が存在してきた。すなわち、国際政治を闘争状態とみなすホッブス的（あるいはリアリスト的）伝統、潜在的な人類共同体が国際政治においても機能していると見るカント的（あるいはコスモポリタン的）伝統、国際政治は国際社会の枠内で発生するとみなすグロティウス的（あるいはインターナショナリスト的）伝統の三つである。これらは、異なる時代に、異なる問題と関心に関連して登場したものだが、それぞれに多様な国際政治理論を有している。オーストラリア出身の国際政治学者ヘドリー・ブルの『国際社会論――アナーキカル・ソサイエティ』*を道案内にその流れをたどってみよう。

人間の自然状態を万人の万人による闘争状態とみたトマス・ホッブスの流れをくみ、それを国家間の関係に投影したホッブス的（リアリスト的）伝統においては、国際関係もまた、万人の万人に対する闘争状態である。ここで国際関係とは、ゼロサム的ゲームに似た国家間の衝突を意味し、その典型的なものが戦争である。国際政治において、もし何らかの道徳的、あるいは法的目標が追求されることがあるとしたら、それは、国家自身の道徳的・法的目標であるにすぎない。

このホッブス的伝統の対極に位置するのがカント的（コスモポリタン的）伝統である。この伝統においては、国際政治の基本的性質を諸国の臣民または市民たる個々の人間を結びつけている国家横断的な絆にあるとする。コスモポリタン的見解においては、すべての人の利益は全く同一であり、国際的活動の特質を最もよく表す活動は、人間社会を二つの陣営に分割する、国境横断的な水平的なイデオロギー衝突（内在的な人類社会の受諾者とそれを阻止する人、解放者と圧制に苦しむ人）である。また、国際関係の分野において、ホッブス的観念とは対照的に、国家の行動を制限する道徳律が存在し、それは、国家間の共存と協力を命ずるのではなく、むしろ主権国家システムを転覆し、世界市民社会によって置き換えることを命じている。人類共同体は、それを生み出しうる力が現に存在するという意味において、国際政治の現実となっていると同時に、最高の道徳的努力目標である。この高次の道義的命令が要求するなら、国家間の共存と社会的交流を支える規則は無視されるべきとなる。

この二つの伝統の中間に位置するのが、グロティウス的(インターナショナリスト的)伝統と名づけられてきたものである。この伝統においては、国際政治は主権国家からなる社会(国際社会)と位置づけられる。国際政治の特色を表す国際的活動は、戦争でも、国境を横断する水平的なイデオロギー衝突でもなく、通商、あるいは国家間の経済・社会的交流とされる。グロティウス的な国際行為規則は、すべての国家が自らが形作っている社会の規則と制度によって拘束されている、とみる。国際社会を形成する国家は、思慮や便宜の諸規則、さらには、道義と法の命令に拘束される。しかしこれらの命ずるところは、カント的な主権国家システムの転覆や普遍的な人類共同体による置き換えではなく、主権国家からなる社会における共存と協力の要件を受け入れることである。

国際社会か、国際システムか

このグロティウス的伝統の流れをくみ、国際関係を、単なる「国家から成るシステム」であるばかりでなく、国家間の複雑な関係のまとまりであるとともに、一個の「国際社会」を形成していると見たのが、ブルを代表とする英国学派と呼ばれる人々である。アメリカの国際政治学者スタンレー・ホフマン(Stanley Hoffmann, 1928〜)によれば、ブルは、国家間の相互作用を分析する際に、権力関係以外の事柄であるところの共通の関心、規則、制度に着目した。中央権威が不在でありながらも「国際社会」が存在することを詳説し、国家が「国際社会」を形成している場合、なんらかの価値観が共有され、共通の利益のために諸々の明示的・黙示的ルールや制度が存在するとしたのである。国際関係は共通の上位権力が存在しない自律的な国家間の政治であり、国際社会は、政府ないし統治が存在しないという意味で無政府状態にほかならないが、同時に、それは独自の秩序をもつ社会システムでもある、という意味で「アナーキカル・ソサイエティ」と呼んだ。

ブルの提示したこうした枠組みに対し、アメリカの国際政治理論の二つの流れはそれぞれに批判を加えている。ホッブスの流れをくむアメリカ学派（リアリストやネオ・リアリスト）は、主権国家の存立状態は、ホッブスの言う自然状態に近く、国家の上位に世界政府が存在しない以上、現実の国際社会は社会と呼べるものではなく、「国際システム」であると認識した。国際関係を主権国家間の力の論理で捉えたこの学派は、一見「国際社会（international community）」の行動に見えるものでも、実際は力のある大国の関心の反映であり、「国際社会」はこれら強国の国益の実現のための手段であるとする。

他方、第二八代アメリカ大統領ウッドロー・ウィルソン（Woodrow Wilson, 1856～1924）の精神に従う「理想主義」の支持者たちからは、ブルの国際社会論は、主権国家システムときわめて強い結びつきをもつ反理想主義的、国家中心主義的という批判が加えられた。しかし、ブルの議論を注意深く検討すれば、この批判は必ずしも当らない。

ブルは、「アナーキカル・ソサイエティ」の議論は、主権国家システムの暗黙の擁護論となっているが、いっそう的確には、その中に含まれる国際社会と呼ばれてきた要素の擁護にほかならないとした。同時にブルは、国際社会に関する三点の重要な認識を提示している。まず第一は、世界政治には、国際社会のほかに、戦争（衝突）、人類共同体という二つの要素があり、国際社会は世界政治における唯一絶対の構成要素ではないと位置づけた上で、国際社会の規則や制度も、他の二つの要素との関連においても検討されるべきである点。第二に、国際社会を規律している国際秩序あるいは国家間秩序よりも、広範かつ根本的・原初的秩序であり、道徳的にもそれに優先する秩序として世界秩序（全人類からなる大社会内での秩序）を挙げた点。第三に、国際社会における秩序は、正義の諸目標（国際的正義、人間的正義、世界市民的正義）と衝突するとした点である。

また、ホフマンは、ブルの「国際社会論」を国際関係論における古典的文献であるとして最大限の評価を与え、「国際レジーム論」に枠組みを付与する、現代国際システムを理解する一つの考え方でもあるとしつつ、同時に何点かの未解決の課題を指摘した。その一つが、国際社会の本質的な支柱、共通の価値や文化やそれらの果たす役割に関する詳細であり、時代、世界の地域、問題ごとに、「社会」対「闘争状態」の比率に違いがある点に対する考察である。

＊邦訳：臼杵英一訳、岩波書店、二〇〇〇年。Hedley Bull, *The Anarchical Society: A Study of Order in World Politics*, Macmillan Press, 1977 (first ed.), 1995 (second ed.)

第2章　紛争違法化の歴史と国際人道法

この章では、国際社会の最大の関心事である（あるいはあった）紛争の違法化の歴史とそれに呼応して整備が進んだ国際人道法について確認していきます。第1章でみたとおり、国際社会と国内社会の最大の違いは、国内でいうところの政府、つまり地球上のすべての国家を統治する世界政府や、立法府である世界議会が存在しないことでした。当然、地球上のすべての国や人が、絶対的に従わなければならない法は存在しません。国内のように強制管轄権のある裁判所も存在しません。その代わりに、条約や国際慣習法、法の一般原則という形式を取って国際法が存在します。「条約」とは、国や国際組織の間で、文書で結ばれた合意、「国際慣習法」とは、法として認められた一般的な慣行、「法の一般原則」とは各国の国内法に共通の法原則で国際関係に適用可能なものを指しています。条約は、その条約に加入した当事国のみしか拘束しませんが、国際慣習法は一般国際法ともいわれ、国際社会を一般的に規律し、秩序を保っています。

1　戦争の違法化の歴史

戦争の歴史とともに

国際法の中心課題は、つねにいかにして戦争を規制するかにあり、国際法は戦争法の分野から発達を始めたとさえいわれます。国際法の法典化は戦争法の分野で一層進展したのです。

そもそも戦争に関する法は、戦争の歴史とともにあり、それはおそらく人類の歴史同様に古いものです。時代と地域、文明を問わず、広く展開してきたものと思われます。考古学の研究では、新石器時代の戦いで、負傷者に手当てが施された形跡が発見され、文化人類学の研究では、例えばパプアニューギニアの部族間の戦いにおいて、

- 大きな戦いを準備する際には、相手に事前警告を発し、双方の準備が整うのを待つ
- 矢尻には必要以上の怪我をさせないよう「返し」をつけない
- 死傷者が出た際には一五日間休戦する

といった戦時のルールの存在が明らかになっています。これらの規則は、自分の文明圏内で

の戦闘にのみ差別的に適用されるという限界があったものの、今日の戦争の諸規則の原型に近いものが、古代中国の古文書（戦争の制限、国際的制裁など）、古代インドの『マヌ法典』や『ラーマーヤナ』（特定の戦争手段の禁止――毒物・火矢使用、田地樹林の破壊、負傷者や捕虜の殺害の禁止など）、古代エジプト・バビロニアの条約（開戦宣言や講和条約、仲裁）、『ハンムラビ法典』（身代金による捕虜の解放や弱者の保護）、中世ヨーロッパの騎士道、イスラム教の中にも表れています。

このような歴史的事実はあるものの、今日、戦争・紛争を違法化し、規制する法（国際人道法・武力紛争法）は、すぐれてヨーロッパ起源の法としてスタートしました。もともとウェストファリア条約自体、ヨーロッパ諸国に甚大な惨禍をもたらした三十年戦争を終わらせるために結ばれた条約であったことを思い起こせば、国際法の中に戦争に関する法がいかに重要な位置を占めていたか、容易に推察できるかもしれません。では、この元来ヨーロッパ公法であった国際法において、戦争はどのように規制されてきたのでしょうか。

正しい戦争と不正な戦争の区別

戦争を正しい戦争と不正な戦争に区別する正戦論は、遠く古代ギリシャにさかのぼり、中世のキリスト教神学者によって理論的に深められた後、近代初頭の国際法学者に受け継がれました。アウグスティヌス（Augustinus, 354～430）は『神の国』（四二六年）において、教会の見地に立った戦争の正当原因と、法的根拠をもつ正戦と、それ以外の不正戦を区別しました。トマス・アクィナス（Thomas Aquinas, 1225頃〜74）は『神学大全』において正戦論を一層発展させ、

・君主のみが戦争宣言の資格をもつ。
・戦争の原因は正当でなければならない。
・戦争は正しい意図で行われなければならない。

という三点を挙げました。グロティウス（Hugo Grotius, 1583〜1645）は、一六二五年の『戦争と平和の法』の中で、戦争を訴訟になぞらえて防衛、回復、刑罰という戦争の正当原因を詳細に示し、正戦論を法的に精緻化したといわれます。

しかし、ローマ教皇を頂点とする中世のキリスト教の権威体系から解放され、独立・平等の主権国家からなるウェストファリア以降の近代国際社会においては、いずれの側に正当原因があるかを判断する上位の権威者が存在しないため、正戦論の適用は困難となります。こうした現実から、一八世紀後半になると、正戦論は退き、交戦当事国の立場を平等に扱い、戦争を無差別に許す「無差別戦争観」が次第に有力となっていきます。この一風変わった用語は、ドイツの法学者カール・シュミット（Carl Schmitt, 1888〜1985）の一九三八年の著作で用いられた用語の日本語訳と推測されますが、日本独自の使い方のようです。ここでは紛争法の理解のために、この語をそのまま使用します。

中世にあっては、国王をはじめ封建諸侯相互が戦争権を有するとされましたが、近代になる

と戦争権は国家に独占され国家間の戦争のみが「正規戦争」として一定の正統性をもつとされました。同時に、国家以外の団体による実力行使は私戦または暴力行使と位置づけられ国内刑法の対象となったのです。したがってこの時代には、武力行使そのものの合法性を判断する規則、言い換えると戦争に訴えること自体の規制（ラテン語で「ユス・アド・ベルム〔*jus ad bellum*〕」）は、開戦宣言などの手続的なものに限定され、主たる関心事は、戦争中の具体的な行為の規制（「ユス・イン・ベロ〔*jus in bello*〕」）となります。また、この時期の伝統的国際法は、戦争状態の成立（法的な戦争状態が成立するには、少なくとも一方の当事国による戦争意思の表明が必要とされていました）を挟んで、戦時と平時の二元的体系、つまり、戦時国際法（戦争法）と平時国際法という二元的構造から成り立っていました。同一の行為であっても、平時と戦時とでその行為に対する評価はまったく異なっていたのです。

第一次世界大戦という契機

このように一八世紀後半以降の「無差別戦争観」の時代になると、戦争そのものを違法化しようという試みや規則「ユス・アド・ベルム」は後退し、紛争中の行為をいかに規制するか（「ユス・イン・ベロ」）が、戦争に関する法の主たる関心事となっていきます。独立・平等の主権国家からなる近代国際社会の成立を背景に、交戦当事国は平等であり、国際社会には国家を超越する客観的な判定者が存在しないことから、戦闘そのものの規制ではなく、戦闘の手段や方法の規制が発達したのです。

しかし、兵器の発達や戦争の規模や方法の変化により、国際社会は、いや応なく、戦争そのものを違法化する取り組みと真剣に向かい合わざるをえなくなります。第一次世界大戦の被害があまりにも甚大であったからです。飛行機や戦車が初めて登場し、ライフル銃が装備されるようになり、毒ガスも初めて使用された戦争です。人類に未曽有の惨害をもたらした第一次世界大戦の結果として成立した国際連盟規約（一九一九年）とその欠陥を補うために締結された不戦条約（一九二八年）により、一定の、ないしはすべての戦争を国際法上、違法とみなす考え方が定着します。戦争は違法化されたのです。

しかし、画期的とはいえ、これらの試みには、きわめて重大な欠陥がありました。歴史上初めて国家が戦争に訴えることを制限し、集団安全保障の枠組みを設けた国際連盟規約ですが、違法化の対象となったのは、開戦宣言、宣戦布告などの形で戦意を表明することで生じる状態である「法的な戦争（de jure War）」のみ。「事実上の戦争（de facto War）」つまり武力紛争は対象外でした。また、原則として戦争を禁止しつつも、一定の場合（裁判の判決や連盟理事会の報告に従わない国に対しては三ヵ月を経れば可）には戦争を容認していたのです。

こうした欠陥を埋めるための試みとされたのが、一九二八年の不戦条約（ブリアン・ケロッグ条約）です。連盟規約が一定の戦争を容認したのに対し、侵略戦争を禁止しました。不戦条約の成立時、その加入国は一五ヵ国でしたが、一〇年後の一九三八年には六三ヵ国に増えてい

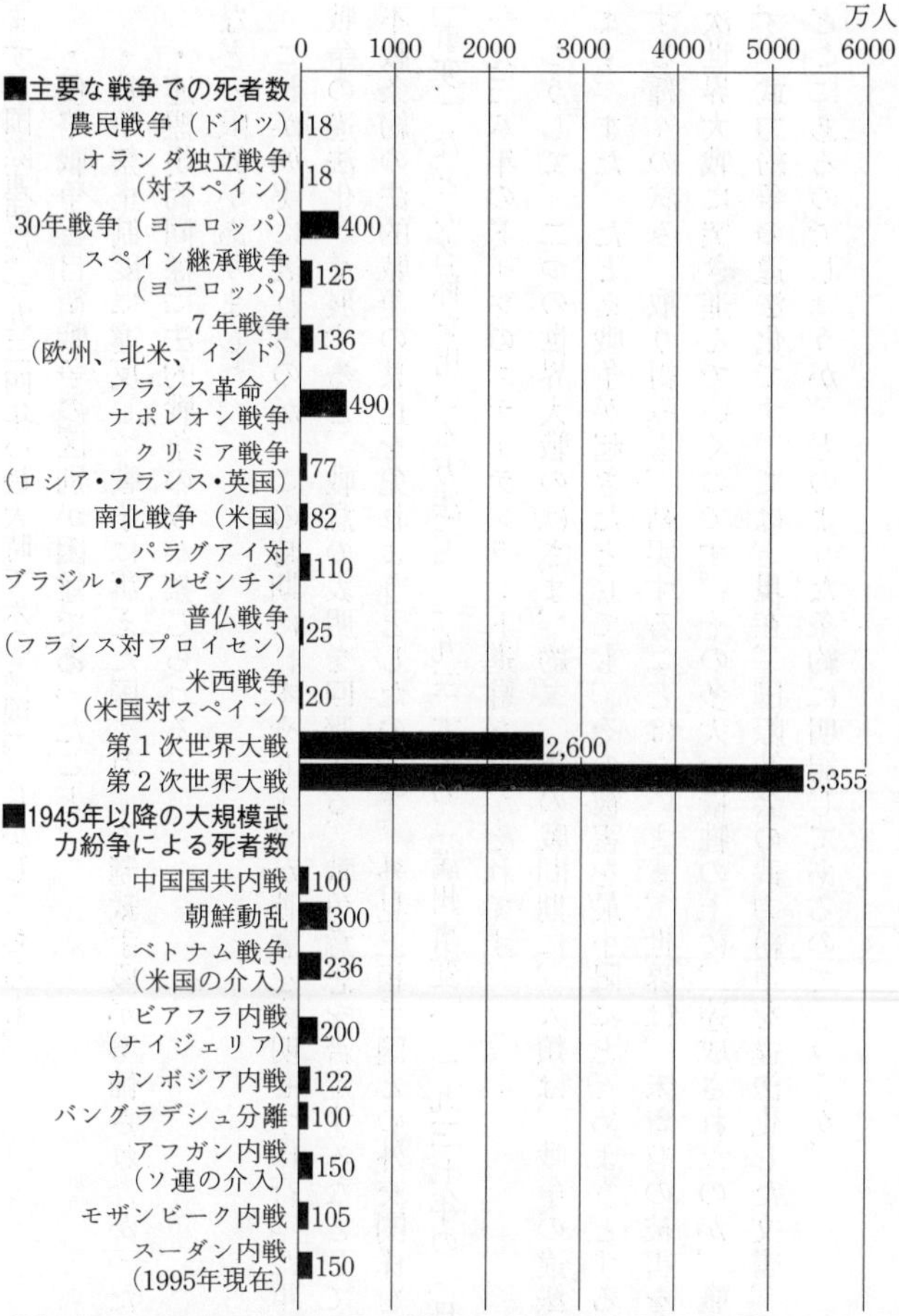

（注）Ruth Leger Sivard, World Military and Social Expenditures（1991, 1996）による。

（資料）レスター・R・ブラウン「地球白書1999－2000」（1999）

表６　世界の主な戦争及び大規模武力紛争による犠牲者数（16世紀以降）

ます(国際連盟は一九三四年の最大時で六〇ヵ国)。しかしこちらも、

・侵略戦争と自衛戦争の区別が困難であったこと。
・戦争禁止制度に違反して戦争に訴えた国に対する制裁手段が準備されなかったこと。
・連盟規約同様に法的戦争のみが禁じられる。

などの限界がありました。

これが如実に表れるのが、この時期に日本やドイツが戦意を表明せずに行った軍事行動です。戦争の違法化が進展すると、戦意の表明を回避する、戦争意思を否定するなどして連盟規約や不戦条約の法的戦争の禁止を免れようとしたのです。外見上相手国との外交関係を維持しつつ「事変」などの名称を用いる方法で、一九三一年の「満州事変」、一九三七年の「日華事変」、一九三八年のドイツのズデーテンラント進駐などがそれです。

こうして、二つの世界大戦のはざま、約二〇年の戦間期に、人類は、戦争の違法化に失敗します。また、たとえ戦争が起きたとしても、その被害を最小限にとどめようとする戦争法に関する種々の試み、取り組みも、結実することはないまま、世界は、未曽有の被害を出した第二次世界大戦に突き進んでいくのです。その多大な犠牲の上に、達成されたのが、戦争のみならず、武力紛争の違法化です。では、現在、国際社会の武力紛争を違法化した文書、というのはどこにあるのでしょうか。どのような条約に明記してあるのでしょうか。

違法化の到達点としての国連憲章

意外に思われるかもしれませんが、その文書とは、第1章でみた国際連合憲章（一九四五年）であり、具体的には、その第二条四項にある武力不行使の原則です。まず訳文を見ましょう。

すべての加盟国は、その国際関係において、武力による威嚇又は武力の行使を、いかなる国の領土保全又は政治的独立に対するものも、また、国際連合の目的と両立しない他のいかなる方法によるものも慎まなければならない。

この文章を読んで、違和感を覚えませんか。武力の不行使原則といいつつ、その肝心な部分が「慎まなければならない」で終わっています。英語の原典を確認しましょう。

All Members shall refrain in their international relations from the threat or use of force against the territorial integrity or political independence of any state, or in any other manner inconsistent with the Purposes of the United Nations.

「慎む」にあたる英語の動詞は prohibit ではなく、refrain from が使われているのがわかります。refrain は、日本でも、空港や一部列車内など英語のアナウンスが使われる場で比較的耳にする機会の多い英単語です。たぶん、みなさんが即座に思いつくのが「タバコはお控えください（Please refrain from smoking）」や「携帯電話のご使用はお控えください（Refrain from talking on the phone）」かと思います。

武力の行使は禁止命令ではなく、「慎むべき」という不行使の原則であることがわかります。国際社会には、統一的な世界政府や国内社会の議会のような立法機関はなく、国内のように強制管轄権のある裁判所も存在しません。紛争の違法化の到達点が"refrain from the threat or use of force"であることは、こうした国際社会の本質をよく表しているといえます。世界の平和や安定は確固とした基盤の上に築かれるものではなく、実は非常にもろい土台の上に築かれる、私たち市民一人ひとりも強く意識し、守っていかなければならないものであることが実感できるのではないでしょうか。

武力不行使原則の例外

さて、ここで、二条四項の武力不行使原則は一般的な禁止である、ということの意味を考えてみます。「一般的な禁止」であるということは、例外がある、という意味です。この例外とは、自衛権の行使（国連憲章第五一条、個別的・集団的自衛権）と安全保障理事会が「平和に対する脅威、平和の破壊及び侵略行為」を認定した際の強制措置（第七章）、さらには純粋な内戦です（内戦といっても、近隣諸国や大国間の代理戦争となる事例も多く、これと区別するために、純粋な内戦、という表現を使います）。安全保障理事会の強制措置には、安保理が、「国連憲章第七章に基づいて」一部の加盟国に武力行使を授権する場合も含まれます。これらの国軍による武力行使も武力不行使原則の例外です。

この例外は、国連憲章第一章の目的および原則で確認された、「人民の同権及び自決の原則の尊重」（第一章第一条二項）、「すべての加盟国の主権平等の原則」（第二条一項）、さらには国内管轄事項に関する不干渉原則（第二条七項）の確立から導き出されたものです。国連憲章にみられるこれらの原則は、それまでの国際社会の構造が、西欧諸国と植民地・従属地域の支配・従属関係から成り立っていたことを考えれば画期的な構造変化です。

2　国際人道法／武力紛争法の発展過程

さて、先ほど一八世紀後半以降の「無差別戦争観」の時代になると、戦争そのものを違法化しようという試みよりも、紛争中の行為をいかに規制するかが、戦争に関する法の主たる関心事となった、と述べました。独立・平等の主権国家からなる近代国際社会の成立を背景に、交戦当事国は平等であることから、戦闘そのものの規制ではなく戦闘の手段や方法の規制が発達したのです。

ハーシュ・ローターパクト（Hersch Lauterpacht, 1897～1960）という高名な国際法学者は、「国際法が法の消滅する地点にあるとするなら、戦争法は国際法が消滅する地点にある」という格言を残しました。その意味するところを考えつつ、今度はその戦争法の内容を具体的にみていきましょう。

国際人道法、武力紛争法、戦争法

本題に入る前に、呼称の整理から始めたいと思います。「国際人道法（International Humanitarian Law）」は、人道法という名称から、あたかも人道的配慮に絶対的価値を置き、万人に等しく適用され、また、決して逸脱が許されない強制的な法、「強行規範（ユス・コーゲンス）」であるかのように誤解されることがあります。しかしながら、国際人道法は、名称の上からは対極に位置しそうな「戦争法（Law of War）」や「武力紛争法（Law of Armed Conflict）」あるいは「交戦法規（Rules of Engagement）」と呼ばれるものと同一の規則群を指しています。これらは互換性をもって使用される名称であり、軍事的必要性と人道的配慮のバランスの上に成り立つ概念です。また、混同されがちな国際人権法とは、成立基盤も歴史背景もまったく異質な概念です。

こうした呼称の違いは、戦争の違法化や、これらの規則群がいかなる価値を守ろうとするものかについての認識の相違といわれていますが、整理のために三つの呼称が登場した背景を確認しましょう。まず、第一次世界大戦以前の戦争が法的にも許されていた時代、戦争の開始と終了、戦争状態における交戦国同士、あるいは交戦国と中立国の関係を規律する法を、「戦時国際法」と呼びました。戦時国際法は、交戦法規と中立法規に分類されます。「戦争法」は、通常、この戦時国際法と同じ意味で用いられますが、より狭義には、前者の交戦法規のみを指しています。その後、「戦争」の違法化に伴い、「戦争法」という呼称は、「武力紛争法」にとって代わられました。そうした中で、赤十字国際委員会（ＩＣＲＣ）が一九七一年に開催した「武力紛争において適用される国際人道法の再確認と発展に関する政府専門家会議」において「国際人道法」という名称を初めて使用します。現在の使い分けの実態としては、赤十字組織やＮＧＯ、国連の人道機関関係者が「国際人道法」を、軍隊関係者は「武力紛争法」を用いる傾向があるといえます。

国際人道法／武力紛争法の発展過程

武力紛争を規制する法は、武力行使そのものの合法性に関する規則群（ユス・アド・ベルム）と武力紛争における交戦者の行為を規律する規則群（ユス・イン・ベロ）とに大別されました。後者がこの項でみていく国際人道法／武力紛争法ですが、これはさらに戦闘方法・手段を規制した「ハーグ法（Law of Hague）」と武力紛争の犠牲者の保護に関する「ジュネーブ法（Law of

Geneva)」という二つの系列に分類されます。歴史的展開過程や法形式が異なるこの二つの法の流れは、一九四九年のジュネーブ諸条約に追加された一九七七年の二つの追加議定書において、その名称が示すとおりジュネーブ法がハーグ法を取り込む形で融合し、一体化しています。それゆえ今日両者は一体不可分の補完関係にあり、その違いは歴史的、教訓的意味しかないという指摘や、追加議定書の成立をみるまでもなく、そもそもジュネーブ法とハーグ法はその成立以来、つねに交差し多くの規範の交換を行っており、両者をあたかも別個の支流のように扱うことは決して正当化されないとする指摘もあります。

とはいえ、両者のアプローチは原則と例外が逆転しており、文民（軍人でない者）および民用物（軍用物ではない物）の敵対行為からの一般的保護をどちらのアプローチで処理すべきかは、国際人道法／武力紛争法の、現代の最大の課題であるとする指摘もあります。武力紛争法を専門とする国際法学者の真山全《あきら》の主張です。湾岸戦争、ＮＡＴＯによる対ユーゴスラビア航空攻撃やイラク戦争という一九九〇年以降の国際的武力紛争の被害状況から、ジュネーブ法とハーグ法の検討は歴史研究を超えて今日的意義をもつに至っているというのです。実際、ジュネーブ法がハーグ法を取り入れたまさにその部分にこそ批判が集中しているためですが、その詳細な検討は、参考文献で紹介する専門書を参照していただき、本書では、ジュネーブ法とハーグ法の原則と、中心法規を紹介するにとどめたいと思います。

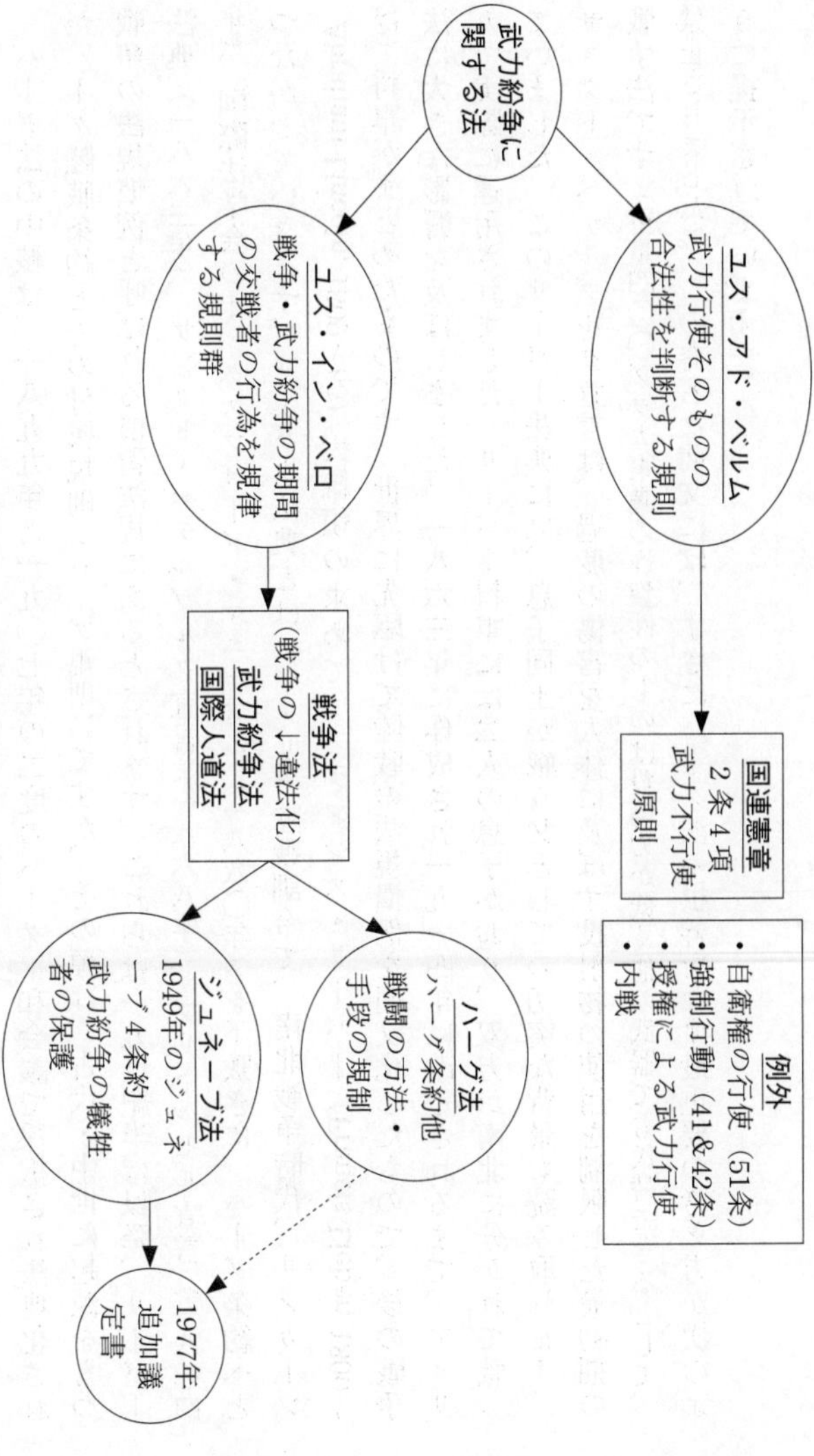
武力紛争に関する法
ユス・アド・ベルム
武力行使そのものの合法性を判断する規則
国連憲章
2条4項
武力不行使原則
例外
・自衛権の行使（51条）
・強制行動（41&42条）
・授権による武力行使
・内戦
ユス・イン・ベロ
戦争・武力紛争の期間の交戦者の行為を規律する規則群
戦争法
（戦争の↓違法化）
武力紛争法
国際人道法
ハーグ法
ハーグ条約他
戦闘の方法・手段の規制
ジュネーブ法
1949年のジュネーブ4条約
武力紛争の犠牲者の保護
1977年
追加議定書

図2　武力紛争に関する法の発展

ハーグ法

ハーグ法の中核は、一八九九年と一九〇七年の二度のハーグ平和会議で採択され法典化されたハーグ陸戦条約とその付属規則（ハーグ規則）ですが、その源は、古代・中世に起源をもつ戦争の法規慣例と呼ばれる慣習法規にあるとされます。これらは一九世紀半ば以降、リーバー法典（一八六三年）、サンクト・ペテルブルク宣言（一八六八年）、ブリュッセル宣言（一八七四年）、国際法学会のオックスフォード・マニュアル（一八八〇年）を下敷きに、ハーグ条約へとつながっていきます。リーバー法典とは、アメリカ陸戦訓令で、南北戦争時代、リンカーン（Abraham Lincoln, 1809~65）大統領の求めで、フランシス・リーバー（Francis Lieber, 1800~72）将軍がまとめたものです。世界に先駆けて陸戦の法規慣例を明文化したもので、後の戦争法に大きな影響を及ぼしました。一八六三年に作成され一九一四年に改定されるまで、アメリカで実際に運用されました。リーバー将軍には二人の息子がおり、双方が南北に分かれて戦っていました。このリーバー法典には、息子同士が戦う父としての切実な背景も読み取れます。サンクト・ペテルブルク宣言は、過度の傷害を人体に及ぼす投射物の使用を制限した最初期の戦争法です（重量四〇〇グラム未満の炸裂性のものは殺傷力が低く他の武器でも代替できるとして、禁止されました）。この有名な前文には、まさにハーグ法の根幹をなす最重要の考え方が次のように提示されています。

戦争中に国が達成するために努めるべき唯一の正当な目的は敵の軍事力を弱めることであり、そのためにはできる限り多数の者を戦闘外におけば事足りる、すでに戦闘外に置かれた者の苦痛を無益に増大し、またはその死を不可避とする兵器の使用はこの目的の範囲を超え、よって、そのような兵器の使用は人道の法則に反する。

またハーグ規則の前文にも「明文規定がない場合でも、諸国は人道の原則と公共良心の要求、国際慣習法に拘束されることを確認した」有名なマルテンス条項が盛り込まれ、「紛争当事者が戦闘の方法・手段を選ぶ権利は無制限ではない」（第二二条）ことが宣言されています。ハーグ規則のこの根本原則は、一九七七年のジュネーブ諸条約第一追加議定書にもそのまま採用されています（第三五条一項）。

あらためてみるなら、ハーグ法の論理構造は、戦争において、その目的である勝利に必要な手段は原則的にすべて許されることを大前提とし、この目的にとって不必要な惨禍を軽減すべく、過度の加害を制限することにあるといわれます。換言すれば、軍事的必要と人道的要請のバランスが前者に優位に傾き、比例性・相対性の原則が貫徹しているのです。

このハーグ法の系列下にあるものとしては海軍砲撃条約（一九〇七年）、ハーグ空戦規則案（一九二二年）、毒ガス議定書（一九二五年）、成立をみなかったものの一九五六年の「戦時に一般住民の被る危険を制限する規則案」、ジュネーブ諸条約の二つの追加議定書（一九七七年）、特定通常兵器使用禁止制限条約（CCW）第一～三議定書（一九八〇年）、化学兵器使用禁止制限条約（一九九三年）、CCW第四議定書（一九九五年）、CCW改訂第二議定書（一九九六年）、対人地雷禁止条約（一九九七年）、CCW改訂（二〇〇一年）、CCW第五議定書（二〇〇三年）、クラスター爆弾禁止条約（二〇〇八年）があります。CCWの各議定書が対象とする兵器はそれぞれ、第一が検出不可能な破片を利用する兵器、第二が地雷・ブービートラップおよび類似の装置、第三が焼夷兵器、第四が目潰しレーザー兵器、第五が爆発性戦争残存物（ERW）です。また、CCWの枠の内外で、現時点では存在しない自律型致死性兵器システム（LAWS）、「殺人（キラー）ロボット」規制の検討もなされています。

ジュネーブ法

ハーグ法は数百年にわたる慣習法規を基礎とした国際法であり、国際法の正当な権利義務主体である国家が作り上げたものです。これに対して、純粋に民の側が国家に働きかけ、成立させていったのがジュネーブ法です。ジュネーブ法の起源は、赤十字国際委員会（ICRC）の起源および戦時における人道支援活動の起源でもあります。イタリア独立戦争における傷病兵の惨状を目撃した、スイスのビジネスマン、アンリ・デュナン（Henri Dunant, 1828～1910）がその著書『ソルフェリーノの思い出』（一八六二年）に記した二つの提案がICRCの創設（一八六三年）とジュネーブ法の原条約である一八六四年のジュネーブ条約に発展したからです。

このジュネーブ条約は陸戦の傷病兵のみを保護対象とし、わずか一〇ヵ条の規定から出発しました。

しかし、ＩＣＲＣの主導で改訂・拡充が重ねられ（一九〇六年条約は、全三三ヵ条、一九二九年条約全三九ヵ条）、その保護範囲も陸戦から、海戦における傷病兵（一八九九年条約は全一四ヵ条、一九〇七年改訂は、全二八ヵ条）へ、第一次世界大戦後は捕虜（一九二九年条約全九七ヵ条）にも拡大されました。第二次世界大戦後の一九四九年に成立した現在のジュネーブ四条約では、第一条約（陸戦の傷病兵全六四ヵ条）、第二条約（海戦の傷病兵全六三ヵ条）、第三条約（捕虜全一四三ヵ条）と拡充し、さらに、きわめて限定的ながら第四条約（全一五九ヵ条）では、遂に文民までもが対象になりました。

きわめて限定的、というのは、第四条約（文民条約）が保護対象としたのは、「紛争又は占領の場合において〔中略〕紛争当事国又は占領国の権力内にある者でその紛争当事国又は占領国の国民でないもの（第四条）」、すなわち抑留敵国文民および占領地の文民のみに限定されたからです。具体的にいうなら、日本とアメリカが戦闘状態にある時、日本にいるアメリカ人、あるいは、アメリカにいる日本人は保護の対象となりますが、日本にいる日本の文民一般が対象になることはなかったのです。

文民の保護に関しては、満州事変後の一九三四年に、東京で開催された第一五回赤十字国際会議において、ＩＣＲＣが起草した「交戦者の領域又は交戦者に依り占領せられたる地域に存在する敵国籍を有する非軍人の条件及保護に関する国際条約」（東京草案）の条文が合意され、採択のための外交会議の開催も要請されましたが、第二次世界大戦の勃発により、この開催は不可能となります。さらにその前後、ＩＣＲＣが試みた一般住民を空襲から守ろうという規定（一九三九年「一般住民の空襲からの保護規定草案」および一九五六年「戦時に一般住民の被る危険を制限するための規則案（二〇ヵ条）」）は、それが実際に条約として結実するには、一九七七年第一追加議定書まで待たねばなりませんでした。

こうしてジュネーブ法は兵器や武器の技術的進歩、総力戦や不正規戦の一般化による文民や民用物の被害の拡大に呼応するように保護対象を広げていきます。

また人道的関心の下、慣習法が存在しなかった分野に条約法を作るべく最小限の保護から出発し、徐々に、しかし次々と、手当たり次第、目に映る戦争犠牲者を集団として類型化し、保護対象として組み込んできたジュネーブ法の成立・発展の過程は、文民と戦闘員を区別し、前者に戦闘員資格を与えない代わりに直接攻撃の対象とはしないというハーグ法の論理とは明らかに異質なものであり、文民一般を戦闘の外に置くというハーグ法とはまったく別の立場に立つものといえます。さらにジュネーブ法の保護は、そのささやかさと引き換えにいわば絶対性を主張するものといわれ、人道的要請に完全に傾いたその論理構造は、ハーグ法のそれと鋭く対立しています（真山全）。

3　基本原則と成立基盤・履行の確保

続いて、国際人道法／武力紛争法の（1）基本原則、（2）成立の基盤と構造、（3）履行確保の仕組みを確認します。本節では、便宜的に国際人道法の呼称に統一して説明していきます。

1　基本原則

（ア）戦闘の手段・方法の規制（兵器とその使用法に関する規制）――ハーグ法系列

・軍事目標主義（区別原則）

戦争になると民間人が犠牲になるのは当然だと思っていませんか。しかし、本来、国際人道法では、戦闘員・軍事目標に対して行われる攻撃のみが合法です（軍事目標主義）。そのためには、戦闘員と文民、軍事目標と民用物を区別することが必須となります（区別原則）。

しかし現実の紛争においては、軍用物と民用物がすっぱりと分けられるわけではありません。主要都市を結ぶ幹線道路や橋は、紛争から命からがら逃れようとする避難民にとっても、武器を運ぶ軍隊にとっても、死活的に重要な拠点です。

・均衡性の原則

軍事目標主義で攻撃が合法である戦闘員・軍事目標に対してであれ、何をしてもよいというわけではありません。害敵手段、つまり使用する武器や攻撃の方法の選択は、そこから得られる軍事的利益と均衡・バランスしたものでなければならない、というのがこの二番目の原則です。

国際人道法は、軍事目標に対する攻撃によって、文民や民用物に付随的被害（コラテラル・ダメージ）が発生することを想定しています。これについては、一九七七年のジュネーブ条約第一追加議定書が「攻撃の巻き添えによる予期される死亡および財産の損傷は、予期される具体的かつ直接的な軍事的利益との比較において、過度にわたってはならない」（第五二条二項）と規定しています。裏を返せば、どれほど文民や民用物に被害が出ようとも、その被害に比して得られる軍事的利益が絶大であるならば正当化されてしまうのです。国際人道法が、決して「人道的」観点のみから成立しているわけではなく、つねに軍事的利益とのバランスによる法だということの証でもあります。

・過度の傷害又は不必要な苦痛を与える戦闘手段の禁止原則

均衡性の原則同様、交戦者は、戦闘手段の選択に付き、無制限の権利を有するものではありません。合法的な攻撃目標であっても、過度の傷害又は不必要な苦痛を与える戦闘手段は禁止されています。

（イ）戦闘外に置かれたもの（傷病兵・捕虜）および紛争犠牲者の保護――ジュネーブ法系列

すでに確認したとおり、兵士であっても怪我をしたり病気をしたり、あるいは降伏するなど、戦闘外に置かれた者を保護するのも国際人道法の重要な原則です。

（ウ）戦闘員資格

国際人道法上、合法な攻撃対象とされ、また、自らも戦闘員として合法的に戦う資格が認められている者は、紛争当事国の軍隊構成員（正規兵）および紛争当事国に属する民兵・義勇隊の構成員であり、次の四要件を満たす者のみとなります。

・部下について責任を負う者が指揮していること。
・遠方より識別可能な標章を有すること。
・公然と武器を携行していること。
・戦争の法規慣例を遵守していること。

以上の要件を満たす者のみが、合法的に戦闘員として戦闘に参加でき、敵の手に落ちた際も捕虜となる資格があると認められるものです。換言すれば、人道支援活動に従事する中立な立場のNGO職員であっても、護衛のためであろうと、公然と武器を携行したり、あるいは、旅行者であっても、戦地で迷彩服を着用するなど、戦闘員と混同される格好をした場合、合法的な攻撃対象たる戦闘員と混同される危険性が大いにあります。また、平服で武器を携行せずとも、軍事目標である軍事施設や軍用車両の中にいる、あるいは戦闘員と行動をともにした場合にも、敵方の攻撃の対象となる可能性がきわめて高いことを認識するべきでしょう（国際法上は民間人への攻撃は禁止されていますが、実際の戦闘の場面で、攻撃している兵士らがそうした区別を行う余裕がある場合は少ないのです）。

2 成立の基盤と構造

続いて、国際人道法の成立基盤と構造を確認していきます。

(ア) 国際的紛争と非国際的紛争（内戦）を区別

国際人道法は、本来、「二以上の締約国の間に生ずるすべての宣言された戦争又はその他の武力紛争の場合」および「一締約国の領域の一部又は全部が占領されたすべての場合」に適用されるものです。したがって、国際的紛争と、非国際的紛争を明確に区別し、伝統的に基盤と構造の異なる別個の法規を適用する二層構造を有しています。つまり、国際的紛争についてのみ、国際人道法が適用され、政府と叛徒の戦いである内戦では、刑法などの国内法（反逆罪・内乱罪など）が適用されます。

ハーグ法は数百年にわたる慣習法規を基礎とした国際法であり、基本的に対等な国と国の関係を規律し、対等な戦闘員間での適用を想定しています。それゆえ戦闘員資格を有する合法的な戦闘員が存在しない非国際的武力紛争・内戦は、本来はハーグ法の射程外でした。他方でジュネーブ法の武力紛争の犠牲者の保護という観点からは、犠牲者の国籍同様、国際的・非国際的という武力紛争の性質は問題とはならず、いかなる紛争であろうとも犠牲者の保護こそが絶対です。そうしたことから一九四九年のジュネーブ四条約には四つの条約に共通した共通第三条と呼ばれる規定があります。締約国内に生ずる国際的性質を有しない武力紛争（いわゆる内乱）の場合に適用される条項で、敵対行為に直接参加しない者は人道的に待遇されるものとし、そのための規定が簡潔に置かれています。

（イ）無差別（平等）適用の原則――ユス・イン・ベロとユス・アド・ベルムの切断

国際人道法が成立するには、万人に等しく、無差別に適用されることが前提です。現時点の国際社会は武力行使の違法化（ユス・アド・ベルムの次元）と交戦法規（ユス・イン・ベロの次元）を分離し、前者における違反が後者の適用に影響しないという「平等適用」の原則が貫かれています。人道的な要請や国際人道法は、正しい戦争においてのみ適用される、そうでない戦争には適用されない、ということはないのです。

（ウ）軍事的必要性と人道的配慮のバランス

国際人道法というミス・リーディングな名称から、あたかも、人道的配慮に絶対的価値を置き、逸脱が許されない強行規範であるかのように誤解されることがありますが、国際人道法は、武力紛争中の交戦者の行為を規律する規則群であり、軍事的必要性（military necessity）と人道的配慮（humanitarian consideration）のバランスの上に成り立つ概念であることはすでに述べたとおりです。

3　履行確保の仕組み

履行確保の困難さは、国際人道法の特徴の一つでもあります。国際人道法違反の原因に対する一般的見解としては、人道法そのものの欠陥ではなく、紛争当事者の法遵守の意思の欠如、不十分な履行措置、適用の不明確さ、政治的指導者・司令官や戦闘員・一般大衆の認知の欠如などが挙げられています。ではそうした中でどのような仕組みが考えられるでしょうか。以下は、その主なものです。

①国際人道法の普及——国内法の制定と軍隊構成員の教育
②相互主義による戦時復仇（相手が違反した場合、同様の違反で復仇）——しかし、無限の連鎖の可能性あり。
③中立国、第三者機関を通じての抗議・交渉
④国際事実調査委員会

⑤裁判による事後的処理——戦争犯罪人の処罰

最近の流れとして大きなものは、⑤の裁判による戦争犯罪人の処罰です。戦争犯罪人の処罰は、紛争犠牲者の人間の安全保障確保の観点からも非常に重要なものです。これについては第6章で詳述します。

4　国際人道法と核兵器

国際人道法の規則を理解すると、みなさんの心の中に自然と湧き上がってきた問いがあるのではないでしょうか。では、核兵器はどうなのだ、と。一瞬のうちに、一〇万を超える民間人の命を凄惨な方法で奪い、街をも焼き尽くし、さらに後世にまで後遺症をもたらす核兵器は、軍事目標主義の点からも、均衡性の原則からも、また過度な障害や行きすぎた苦痛を禁止する原則からも一見して違法であることは明らかです。この問題については、実は、すでに第1章でみた国際司法裁判所（ＩＣＪ）で、玉虫色ではありますが、一つの結論が出ています。

国際社会の現実と限界

一九九三年五月一四日、世界保健機構（WHO）によって、翌一九九四年一二月一五日には国連総会によって、ICJに対し、核兵器に関する勧告的意見を求める決議が採択されました。WHOからの質問は、「健康及び環境への影響という観点から、戦争又は他の武力紛争において国家が核兵器を使用することはWHO憲章を含む国際法上の義務の違反となるか」であり、総会からの質問は、「核兵器の威嚇又は使用は、いかなる状況においても国際法上許されるか」というものです。一九九六年七月八日、ICJによって出された核兵器の使用および威嚇の合法性に関する勧告的意見は、この質問に答えたものです。

ICJは、WHOの質問に対しては「WHOの責任は、公衆の健康面に限定され、国連の他の機関の責任に踏み込むことはできない。武力行使の問題や軍備や軍縮の規定は国連の権限に属し、WHOのような特殊な機関の権限外」等の理由で、WHOに対しては、勧告的意見を与えることはできないと判断します。

総会に対しては、ICJは、国際法上および国際慣習法上、核兵器による威嚇と使用を具体的に認めたものはない、としつつも、他方でそれを普遍的に禁じた慣習法や条約はない、としています。さらに、国連憲章第二条四項（武力不行使原則）に反し、かつ同第五一条（個別的・集団的自衛権）の求める事項を満たさない、核兵器による武力の威嚇や行使は違法である、とします。その上で、結論として「一般的には武力紛争に適用される国際法の諸規則、とくに国

■国際的武力紛争に適用	
武力紛争の犠牲者の保護	1949年のジュネーブ4条約 （批准194ヵ国） 第一条約　陸戦における傷病兵の保護 第二条約　海戦における傷病兵の保護 第三条約　捕虜条約 第四条約　敵国・占領国の権力下にある文民の保護 1977年の第一追加議定書（批准172ヵ国）
害敵手段の規制	サンクト・ペテルブルク宣言（1868） ハーグ条約（1899, 1907） ジュネーブ毒ガス議定書（1925） 生物毒素兵器禁止条約（1972） 1949年のジュネーブ4条約の2つの追加議定書（1977） 特定通常兵器使用禁止制限条約（CCW1980）と5つの議定書 化学兵器禁止条約（1993） 対人地雷禁止条約（1997） クラスター爆弾禁止条約（2008）
文化財保護	武力紛争の際の文化財保護条約と2つの議定書（1954）
国際刑事法廷	国際刑事裁判所規程（1998）
■非国際的武力紛争に適用	
武力紛争の犠牲者の保護	1949年のジュネーブ4条約共通第3条 1977年の第二追加議定書（批准166ヵ国）
害敵手段の規制	CCW改定第二議定書

表7　国際人道法の主な条約

際人道法の原理と規定に反することになるものの、しかし、国家の存亡そのものがかかっているような極限的な自衛状況での核兵器による威嚇や使用が合法か違法かについて明確な意見を出すことはできない」とします。これが、勧告的意見の内容です。

この勧告的意見は、一九四〇年代に核兵器が開発されてから、その使用・威嚇の合法性について、国際社会を代表する、国際的司法機関が下した初めての判断という意味で、非常に画期的です。しかし、一般的には違法としつつも、絶対的な違法性にまでは踏み込みませんでした。核兵器の廃絶を求める立場からは、満足できる内容ではありません。しかしながら、核を保有するP5、五常任理事国の裁判官がメンバーに入っているというICJの構成を考えるならば、現代の国際社会の構造下で出しうる、精一杯の判断であったということができます。現在の主権国家を基本とする国際社会を特徴づける一つの現実であり、限界です。

「世界法廷プロジェクト」の活動

しかしそもそもICJでこうした画期的な判断がなされ、最低限、「一般的には違法」という判断をもたらすきっかけとなったのは、「世界法廷プロジェクト(World Court Project)」という市民社会の運動があったからです。「核兵器に反対する国際法律家協会」(IALANA＝イアラナ)、「国際平和ビューロー(IPB:一九一〇年のノーベル平和賞受賞団体)」、「核戦争を防止する国際医師の会(IPPNW:一九八五年の同受賞団体)」の三者により、一九九二年から展開されたこの運動は、諸国の支持を得て、先のWHOや国連総会での決議に結実します。ICJの勧告的意見は、国際社会の現実の反映であると同時に、それにあきらめない市民社会の不断の行動の表れでもあります。

【コラム③】　国際人道法／武力紛争法と国際人権法の違い

表8にあるとおり、国際人道法と国際人権法には、大きな違いがあります。国際人道法が適用されるのは、あくまでも、戦時、武力紛争が進行している時期です。他方で、国際人権法は、あらゆる状況下で、特に平時に適用されます。

種々の違いはありますが、ここで特に注目すべきなのは、人の生命の価値、あるいは殺人に対する考え方の違いです。第二次世界大戦終結直後の一九四七年、イギリスの映画俳優で監督のチャールズ・チャップリン（Charles Chaplin）は『殺人狂時代』という映画を作ります。ここで主人公に語らせた有名なセリフに「一人殺せば殺人者、一〇〇万人殺せば英雄」があります。戦時と平時の対照を、一見単純に、しかし、恐ろしいまでに言い当て、本質を突いた言葉ですが、国際人道法と国際人権法の違いにも当てはまります。戦争の目的は、殺人行為ではないとしても、戦争遂行の過程で、敵の兵士を傷つけ、殺害することは、国際人道法に則る限りは違法ではなく合法な行為なのです。

	国際人道法（戦争法・武力紛争法）International Humanitarian Law	国際人権法 International Human Rights Law
適用される時期	武力紛争時（戦時）	すべての状況下（主に平時）
法的な枠組み	国家と敵国民の関係を規律	国家と自国民の関係を規律
適用範囲	締約国間のみ	締約国の管轄権内にあるすべての人（自国の領域内の非締約国の国民も対象）
法典化の時期その主導者	一八六四年〜 赤十字国際委員会、締約国	一九四八年〜 国連
主要法規	一九四九年のジュネーブ4条約 一九七七年の追加議定書 ハーグ条約ほか	世界人権宣言（一九四八年第三回国連総会） 国際人権規約（一九六六年第二一回国連総会）
規格	世界共通	基本的考え方は世界共通、詳細な内容は国や地域によって異なる（参政権など）
生命の価値・殺人	戦争法違反のない限り、殺人は合法	「生命」の価値は絶対 殺人は禁止

表8　国際人道法と国際人権法の主な違い

第3章 「人間の安全保障」概念の形成と発展

「人間の安全保障」(human security) とは、「人びと一人ひとりに焦点を当て、その安全を最優先するとともに、人びと自らが安全と発展を推進することを重視する考え方」(緒方貞子) です。「世界社会開発サミット」(一九九五年三月開催) に向けて、一九九三年から九四年にかけて国連開発計画 (UNDP) によって打ち出されて以来、時間が経過していますが、その主張は、さまざまな批判にさらされつつも、国際協力の実践的アプローチとしても、国際政治の領域においても、着実に発展を遂げてきました。本章では、この本のタイトルでもある「人間の安全保障」概念の成り立ちやその後の展開、特徴をみていきます。

1　思想的系譜と成立の時代背景

先駆者としてのカント

「人間の安全保障」は、人間を中心に据えた人間中心型の安全保障（human security）として、従来の国家の安全保障（national security）に対峙《たいじ》する概念として登場しました。「安全保障」という言葉から、この語の出自が、国際関係論や国際政治学にあることは明らかですが、他方で、人間一人ひとりに焦点を当て、人間間の相互作用を中心に世界を捉える視角は従前から存在しており、人間の安全保障論も広義にはその流れに位置づけられるとされています。

先駆者としてドイツの哲学者イマニュエル・カント（Immanuel Kant, 1724～1804）を挙げた国際政治学者の栗栖薫子《くるすかおる》は、人間の安全保障論の展開者を「人権・開発派」、「社会学派」、「地球統治論」の三派に分類しています。このうち最も直接にUNDPの「人間の安全保障」に結びついているのが、「人権・開発派」です。人権派に分類されるイギリスの国際政治学者ケン・ブース（Ken Booth, 1943～）は、安全保障を「人間の解放」、すなわち「人が自由に選択を行い、それを自由に実行することを妨げる物理的ないしは人為的障害（戦争、貧困、政治的抑圧など）からの解放」と定義し、一九九四年のUNDPの「人間の安全保障」の基礎ともなりました。さらにさかのぼれば、「人間の安全保障」の基礎となる理論は、開発派に分類される、インドの経済学者アマルティア・センにより一九七〇年代から提唱された人間の選択の幅の拡大、社会参加や人間の発展の機会の拡大を求める「ケイパビリティ（capability）論」にもつながります。

センのいう「ケイパビリティ（潜在能力）」とは、与えられた社会関係と個人の特質という、それぞれの条件のもとで、一人ひとりが達成できる機能の集まり、平たくいえば、一人ひとりにとって実現可能な生き方の幅、あるいは、享受できる選択の幅を指しています（峯《みね》陽一）。享受できる選択の幅は、平時の、恵まれた先進国の住人であれば、どのような仕事に就くか、どこに住むか、今日何を食べるか、夏休みをどう過ごすか、といったきわめて豊富な人生の選択の幅になるでしょう。他方で、内戦下のもともと極端に貧しい状況に置かれていた途上国の住民を干ばつが襲ったら、この選択の幅の有無は、その人や家族の生死を分ける境目となります。

また、後述するように、「人間の安全保障」では、「恐怖からの自由」と「欠乏からの自由」という二つの自由が重要な構成要素となっています。これは、アメリカ大統領のフランクリン・ルーズベルト（Franklin Roosevelt,1882-1945）が、一九四一年の年頭教書演説で「人類の普遍的な四つの自由」として発表した、言論と表現の自由、宗教の自由、欠乏からの自由、恐怖からの自由の最後の二つとまったく同一のものです。

この概念は、歴史的にも文言上も日本国憲法の前文と密接に関連しています。「平和的生存権」として知られる、日本国憲法前文の第二段「われらは、全世界の国民が、ひとしく恐怖と欠乏から免かれ、平和のうちに生存する権利を有することを確認する」です。日本国憲法の草案が連合国軍最高司令官総司令部（ＧＨＱ）のニューディール政策の流れをくむニューディール主義者たちによって起草された事実と考え合わせれば、「人間の安全保障」の概念は、政治学者の千葉眞《しん》が指摘するように、理論的にも歴史的にも、日本国憲法と同様の理想主義的系譜に連なるものといえます。

では、このような理論的起源をもつ「人間の安全保障」はどのような時代背景の下に世に出たのでしょうか。ここでは主として、国際政治、国際経済の側面から、また、提唱者ＵＮＤＰの立場から整理してみたいと思います。

冷戦の終結と経済のグローバル化

「人間の安全保障」が登場した一九九〇年代前半を、まず国際政治の点から振り返るなら、いうまでもなくそれは、冷戦の終結とそれに伴う世界政治の一大転換の時代であったということです。一九九〇年代の国際社会の特徴を整理すると、①核戦争ないし大規模戦争の脅威が低減したことで、伝統的な、大国間の軍事的安全保障問題の比重が小さくなり、相対的に非伝統的な安全保障問題の重要性が高まったこと、②従来は冷戦の文脈で解釈され、互いに相手陣営に責任を押し付けたり、黙認されたりしてきた種々の課題が、それ自体安全保障問題として捉えられるようになったこと、③超大国の利害をはじめさまざまな理由から押さえ込まれていた地域的・国内的問題が暴力化、顕在化し、国際社会全体が、新しい安全保障問題を抱えているという認識を共有するようになっていたことなどが挙げられます。国家としての機能を果たすどころか、国民を一切保護できない、破綻国家・崩壊国家も出現しました。安全保障問題が拡散し、政治や軍事といった「ハイ・ポリティクス」のみが重視された時代には、軽視される傾向にあった環境破壊、難民、貧困、ジェンダー・人種差別といった「ロー・ポリティクス」の課題が相対的に引き上げられる状況にあったといえます。

他方、国際経済の側面に立てば、冷戦構造の崩壊とともに、経済のグローバル化に拍車がかかり、南北の格差、経済的不均衡が一挙に加速しました。

国連の開発機関であるUNDPの立場から見れば、冷戦の終結は、援助供与（ドナー）国の援助における戦略的関心の消失、開発予算の激減につながる可能性のある変化でもありました。世界銀行や、国際通貨基金等の構造調整を通した経済成長中心の従来の開発アプローチに対する批判も累積し、一九九〇年代に入ると内戦の頻発とともに、UNDPの役割も、本来の開発のみならず地域紛争や難民問題など安全保障領域にも広がっていました。さらに一九九五年三月には国連の「世界社会開発サミット」が控えており、こうした状況を背景に、一九九四年、UNDPは『人間開発報告書』の中で「人間の安全保障」概念を提唱したのです。

2　UNDPによる「人間の安全保障」

四つの特徴

UNDPは『人間開発報告書』（以下『報告書』）の中で「人間の安全保障」の基本概念を考察するにあたり、四つの特徴を挙げました。「人間の安全保障」は、①世界共通の問題であり、②世界のどこかで誰かが危機にさらされれば、すべての国がその危機に巻き込まれる可能性があるという意味で、その構成要素は相互依存の関係にあり、③その強化には後手の介入よりも早期予防のほうがやさしく、かつ安上がりであり、またそれは④人間中心でなければならない、という四点です。その上で、『報告書』は、「人間開発」とは「人々の選択の幅を拡大する過程」とし、「人間の安全保障」は、「これらの選択権を妨害されずに自由に行使でき、しかも今日ある選択の機会は将来も失われないという自信を持たせること」と定義しました。

次に『報告書』は、「人間の安全保障」の主要構成要素として、「恐怖からの自由（freedom from fear）」と「欠乏からの自由（freedom from want）」の二つを挙げました。さらに『報告書』は、この点は国連の発足当初から正しく認識されていたものの、その後、「恐怖からの自由」のみを指して安全保障ということが多くなり、「欠乏からの自由」を指すことが少なくなったと指摘、今こそ、国家の安全保障という狭義の概念から、「人間の安全保障」という包括的概念に移行すべき時である、と主張しました。そして安全保障に対する考え方をこのように切り換えるための基本的方策として「領土偏重の安全保障から、人間を重視した安全保障へ」、「軍備による安全保障から、『持続可能な人間開発』による安全保障へ」の二点をスローガンのように挙げていくのです。

さらに、『報告書』は、人間の安全に対する脅威を、経済、食糧、健康、環境、個人、地域社会、政治の七つの安全保障に分類しました。次いで、一国内の脅威はいち早く国境を越えて広がっていくため、「地球規模の問題」として、爆発的な人口増加、経済機会の不公平、移住の圧力、環境の変化、麻薬取引、国際テロの六つの問題を挙げました。

この上で、『報告書』は、「人間の安全保障」をめぐる状況は厳しく、国内・国際両面で新たな対応策が求められている、と指摘します。過去五〇年間、人類が徐々に築き上げてきた、核抑止体系、力の均衡、戦略的同盟、地域的な安全保障協定、超大国と国連による国際政策の策定、といった世界の安全保障体系や世界的な安全保障の枠組みを、今こそ大きく変えるべきときであり、具体的には、予防行動の必要性、各国の社会統合政策の必要性を説きながら、これらはすべて長期にわたる「持続可能な人間開発」という枠組みの中で行われるべきであると主張したのです。

以上が、九四年の『人間開発報告書』において、UNDPが提唱した「人間の安全保障」政策です。次に、この「人間の安全保障」概念がもつ戦略的側面をみてみましょう。

開発に関する三つの戦略的側面

およそ政策である限り、そこに戦略性が入るのは当然のことですが、ＵＮＤＰの『報告書』には、冷戦終了直後の開発機関の政策文書として、①軍備に対する開発、②緊急人道支援に対する開発、③ドナー国である先進国市民にも関係する、世界共通の問題としての開発、という開発に関する三つの戦略的側面をみることができます。

①　軍備に対する開発

『報告書』は、冒頭で「内戦の原因は、社会経済的な貧困と経済格差の増大に深く根ざしている。このような状況下で安全保障を進めていくのに必要なのは、軍備ではなく開発である」と、高らかに開発重視宣言をしています。この宣言が象徴するように、ＵＮＤＰ『報告書』の中核は、冷戦後の国際社会に対する強烈な軍縮思考と、軍備に替わるものとしての「開発」推進思考です。

『報告書』第三章の「平和の配当の確保」では、先進国・開発途上国双方の軍事支出を削減することで、その余剰金を「平和の配当」として人間開発に振り向けるべき、つまりＵＮＤＰ関連の事業に振り向けるべきだという主張をしています。また、「軍備から開発へ」という主張は、国連の中で機能不全を起こしつつも、絶対的な権威や正統性を保ち続けている安全保障理事会に対する異議申し立てであり、「ロー・ポリティクス」分野の擡頭とともに、経済社会理事会（ECOSOC）の相対的地位を向上させるための戦略でもあったと思われます。

② 緊急人道支援に対する開発

UNDP『報告書』の二番目の戦略性は、緊急援助と開発援助のせめぎ合いの中から生まれています。九〇年代に入り、イラク、旧ユーゴスラビア、アフリカ大湖地域と、世界各地で深刻な地域紛争が勃発、国連人権委員会の日本政府代表等を務めた緒方貞子が第八代の国連難民高等弁務官に就任（一九九一―二〇〇〇年）します。緒方がその強力なリーダーシップの下、難民から国内避難民までマンデートを拡大していく中で、援助に占める人道支援の比重が拡大していきました。『報告書』は「国連は、設立後四八年間で平和維持活動に約四〇億ドルを投入したが、一九九三年には一年間でそれと同額を支出している。その間、開発支出はほぼ横ばいを続け、むしろ減少傾向にある。緊急援助は当然ながら素早い対応を必要とし、日ごろ援助に消極的な議会の承認も得やすい。これからも長期的な開発計画から資金を転用し続けるに違いない」と先細りしていく開発の財源に対する危機感・不安感をあらわにしています。

こうした背景の下で、『報告書』は、危機や脅威の根源にさかのぼって対応し、開発の予防的側面を強調し、「短期的な人道援助は長期的な展望に立つ開発援助にはかなわない」と断言。「現在は、緊急援助が開発援助に優先するという前提に基づいて配分されている」が、「緊急援助と長期的な開発援助のあり方を、同時に再検討する以外解決策はない」とし、緊急支援の増加分の財源は、「緊急の名を借りた、開発資金からの流用」に求めるのではなく、「平和の配当」、すなわち先進国の防衛予算と、兵器貿易に対する課税にこそ求められるべき、と主張しているのです。

③ 世界共通の問題としての開発

第三の戦略性は、UNDP『報告書』が、開発途上国の開発を主眼にした報告書でありながら、「人間の安全保障」という概念を登場させることで、それが世界共通の問題であり、世界のどこかで誰かが危機にさらされれば、すべての国がその危機に巻き込まれる可能性があるという意味で、その構成要素は相互依存の関係にあると指摘した点です。またこれまで、開発の分野では議論されることのなかった先進国の弱者の窮状も同様の問題としました。このように、従来は途上国の問題として扱われていた開発を、あえて世界大、地球規模の課題として指摘したことにより、先の二つの戦略がより世界規模での正統性をもつことになったといえます。

3 外交政策としての「人間の安全保障」——日本とカナダ

次にこのUNDPの「人間の安全保障」を外交の枠組みで積極的に取り上げた二つの国、日本とカナダをみてみましょう。

「欠乏からの自由」に力点を置く日本

先に述べた日本国憲法の「平和的生存権」と「人間の安全保障」の二つの恐怖からの自由との関連性は、国際政治学者の武者小路公秀《きんひで》はじめ多くの論者により指摘されています。しかし、歴代の首脳レベルで「人間の安全保障」に通じる考え方が論じられた演説としては、一九九五年三月の社会開発サミットで、「人間優先の社会開発」に言及した村山富市首相（在任期間：一九九四年六月―九六年一月）演説や、一九九七年の国連環境開発特別総会で、「将来の世代に対する責任」とともに「人類の安全保障」の観点を強調した橋本龍太郎首相（一九九六年一月―九八年七月）演説を挙げることができます。しかし本格的に「人間の安全保障」を日本外交に位置づけたのは小渕恵三首相（一九九八年七月―二〇〇〇年四月）です。

アジア経済危機に直面した一九九八年五月、小渕外相（当時）はシンガポールでの演説で、危機を乗り越えるために必要な要素の一つとして、危機のしわ寄せを受ける社会的弱者に対する「思いやり」を挙げ、「人間中心の対応」が重要であると訴えました。首相就任後、小渕は、同じく九八年一二月に東京で開催された「アジアの明日を創る知的対話」という有識者の国際会議（東南アジア研究所〔シンガポール〕と、財団法人日本国際交流センターが共催）の開会に当たり、初めて「人間の安全保障」をテーマにスピーチをしています。

その後も首脳会議や演説の中で、小渕首相（当時）は、「人間の安全保障」に触れる演説を行います。続く森喜朗首相時代（二〇〇〇年四月―〇一年四月）も、二〇〇〇年の九州・沖縄サミットや国連ミレニアム・サミットにおいて、「人間の安全保障」に言及、日本の外交の重要な指針の一つとなっていきます。

では次に、日本政府が外交の指針とした「人間の安全保障」の内容をみてみましょう。二〇〇〇年九月付の文書で外務省は「人間の安全保障」の基本的考え方として、以下の二点を挙げています。

（1）我が国の国際貢献に当たり、「21世紀を人間中心の世紀とすべし」との理念の下、人間個々人に注目し、国家の安全と繁栄を確保しながら、人間個人の本来の可能性を実現することを目標とする。

（2）現在、人類は貧困、環境問題、薬物、国際組織犯罪、感染症、紛争、難民流出、対人地雷といったさまざまな脅威に直面。こうした問題は国境を越えた広がりを持つ面もあることから、その解決に当たっては、各国の個別の対応に加え、国際社会が一体となって取り組むことが必要。

「欠乏からの自由」に力点を置く日本の「人間の安全保障」は、開発援助型アプローチ、あるいは、主権国家の合意の下に人々の安全を考えようとする、国家主権尊重型のアプローチともいうことができます。軍事力を限定的にのみ保持することを国是としてきた日本が、戦後歩んできた歴史的経緯を考えるなら、このように安全保障の経済的・社会的側面に注目することはごくごく自然な流れであったといえるでしょう。これは、後でみる、カナダ型の「人間の安全保障」とは一線を画すアプローチになりますが、もう一つの日本の「人間の安全保障」の特徴として、「人間の安全保障基金」や「人間の安全保障委員会」設立など具体的な事業の着手を挙げることができます。

「人間の安全保障基金」は、人間の安全保障に関する諸問題に対する具体的なプロジェクトを推進するため、日本政府の提案により一九九九年三月に国連に設立された信託基金です。一九九八年一二月ＡＳＥＡＮ＋３首脳会議のために訪れたハノイで、小渕首相（当時）が行った「アジアの明るい未来の創造に向けて」と題した包括的なアジア政策演説の中で述べられた提案に基づくものです。「人間の安全保障基金」に対して日本政府は、二〇一九年度末までに、累計で約四六八億円を拠出、九六の国や地域で、国連機関が実施する二四八件のプロジェクトを支援しています。その特徴は、「人間の安全保障」の包括性を端的に示した、マルチ・セクター（multi-sector approach）、マルチ・エージェンシー（multi-agency approach）を重視したアプローチです。これについては、後述します。

「恐怖からの自由」に重点を置いたカナダ

一九九三年に成立したカナダのジャン・クレティエン（Jean Chrétien）政権は、九五年の外交白書『世界の中のカナダ』において、「人間の安全保障」を初めて外交政策目標として提唱しました。ＵＮＤＰ『報告書』の直後ともいえる早い時期です。ロイド・アックスワージー

(Lloyd Axworthy)外相（当時）は、「人間の安全保障」という用語は、もちろんカナダの創作物ではなくUNDPの『報告書』が有益な出発点であったと述べています。しかし出発点を同じくしても、日本の「人間の安全保障」とは、その後の展開が大きく異なっています。

二〇〇〇年にカナダ政府は、『恐怖からの自由（Freedom from Fear）』と題した政策文書を公刊しました。そこで「恐怖からの自由」の重点分野として、①武力紛争下における人間の保護、②平和支援活動、③紛争予防、④ガバナンスと説明責任の醸成、⑤公共の安全確保を掲げました。カナダ政府のこの『恐怖からの自由』政策を理論的に支えたのが、同国が、二〇〇〇年九月に設置した「介入と国家主権に関する独立国際委員会（ICISS）」の最終報告書『保護する責任（Responsibility to Protect）』です。ICISSはこの報告書の中で、国家と国際社会が状況によっては武力行使を伴ってでも人々を保護する責任があるとしました（第7章で詳述）。

カナダ政府はまた、ノルウェー政府とともに、こうした人間の安全保障観を推進するために、一九九九年、人間の安全保障ネットワーク（Human Security Network）を設立しました。しかし二〇〇六年二月に発足したハーパー保守党政権は、前自由党政権が推進した「人間の安全保障」とは距離を置き、同ネットワークからも離脱、二〇一五年成立のトルドー自由党政権下にあっても復帰はしておらず、二〇二〇年現在のメンバーは、オーストリアを中心に、アイルランド、ギリシャ、コスタリカ、スイス、スロベニア、タイ、ノルウェー、パナマ、チリ、マリ、ヨルダンの計一二ヵ国。南アフリカがオブザーバーとして参加しています。

4　概念の精緻化――人間の安全保障委員会報告書

人間の安全保障委員会

二〇〇〇年九月の国連ミレニアム・サミットにおいて、コフィ・アナン国連事務総長（当時）は「『欠乏からの自由』と『恐怖からの自由』という二つの目標を二一世紀の最優先事項として達成すべき」と訴えました。この要請に応え、日本政府が資金を提供し、二〇〇一年に設立されたのが人間の安全保障委員会です。緒方貞子（前国連難民高等弁務官）およびアマルティア・セン（ケンブリッジ大学トリニティーカレッジ学長）を共同議長とし、ラクダール・ブラヒミ国連アフガニスタン問題担当事務総長特別代表やポーランドやタイの元外相など一〇名の世界の識者が委員となりました。

設立時の委員会の目標は、①安全保障とその重要性に関する一般の人々の理解を深め、関与と支持を強化すること、②「人間の安全保障」の概念を各国の政策の立案と実施のために実際的に役立つ手段にまで発展させること、③「人間の安全保障」に対する広範かつ重大な脅威に対処するため、具体的な行動計画を提示することの三つでした。この目標の下、五回の会合を経て、二〇〇三年二月に最終報告書が合意されました。

最終報告書で委員会は、グローバル化が進んだ今日の世界においては、国家が人々の安全を十分に担保できていないケースがあるとの現実を踏まえ、紛争と開発の両面に関わる現象に対し、包括的な取り組みを提唱しています。具体的には、個人やコミュニティに焦点を当て、人間一人ひとりの保護と能力強化《エンパワーメント》の必要性を強調しています。

報告書では、まず、「人間の安全保障」の定義を「人間の生にとってかけがえのない中枢部分を守り、すべての人の自由と可能性を実現すること」としました。つまり「人間の安全保障」とは、人が生きていく上でなくてはならない基本的自由を擁護し、広範かつ深刻な脅威や状況から人間を守ることを意味します。また、「人間の安全保障」は人間に本来備わっている強さと希望によって立ち、人々が生存・生活・尊厳を享受するために必要な基本的手段を手にすることができるよう、政治・社会・環境・経済・軍事・文化といった制度を一体として作り上げていくことをも意味しています。

とはいえ、この定義では具体例も示されず、大変漠然としています。これについて、人間の安全保障委員会は、「生の中枢とは、人が享受すべき基本的な権利と自由を指すが、何が人にとってかけがえがなく、生きていく上でなくてはならないものか、何が決定的に意味をもつかは個人によっても社会によっても異なる」、ゆえに、「人間の安全保障」はダイナミックな概念でなければならず、委員会はこの概念を構成する要素を列挙することはしないのだとしています。これは、後に「人間の安全保障」概念が、地域の多様性に配慮しつつ、脅威の変化にも柔軟に対応し、普及・発展していく際に非常に重要となるポイントです。
また、「人間の安全保障」概念の特徴として、これまで個別に論じられてきた問題を統合し、平和、安全保障、開発という主要課題を結びつける包括的な概念だとしています。

国家の安全保障との関係

人間の安全保障委員会は、「人間の安全保障」を国家の主権との関係からどう捉えていたのでしょうか。委員会は「人間の安全保障」は国家の安全保障と相互に補い合い依存する関係にあり、「人間の安全保障」実現のためには、強靭《きょうじん》で安定した制度が必要である、と述べています。そして「人間の安全保障」なしに国家の安全保障を実現することはできないし、その逆もまた同様であると主張し、次の四つの視点から「国家の安全保障」を補完するとしています。

・国家よりも個人や社会に焦点を当てていること。
・国家の安全に対する脅威とは必ずしも考えられてこなかった要因を、人々の安全への脅威に含めること。
・国家のみならず多様な担い手が関わってくること。
・その実現のためには保護を越えて、人々が自らを守るための能力強化が必要であること。

さらにこの最終報告書では、主な提言として以下の一〇項目が挙げられています。紛争に結びついた「人間の安全保障」の側面と、貧困に結びついた「人間の安全保障」の側面との双方

	伝統的国家の安全保障	人間の安全保障
焦点	国家中心	人間中心（個人や社会）
脅威と対策	外敵からの攻撃、軍事力に対し、軍事力により国境を守る	多様な脅威から人々を保護（恐怖・欠乏からの自由、尊厳をもって生きる自由）
担い手（主体）	国家	国連・国際機関、地域機関、NGO、市民社会
対象（客体）	国家（国民）	一人ひとりの人間
実現のための手段	軍事力の増強	保護・エンパワーメント（能力強化）

表9　伝統的国家の安全保障と人間の安全保障の比較

を扱っていることが特徴です。

・暴力を伴う紛争下にある人々の保護
・武器の拡散からの人々の保護
・移動する人々の「人間の安全保障」の確保
・紛争後の状況下のための「人間の安全保障移行基金」の設立
・極度の貧困に苦しむ人々が恩恵にあずかるよう、公正な貿易と市場の発展の支援
・普遍的な最低生活水準の保障
・基礎保健医療の完全普及
・特許権に関する効率的かつ衡平な国際システムの構築
・基礎教育の完全普及による人々の能力強化
・グローバルなアイデンティティの促進

危機管理としての「人間の安全保障」

さて、この人間の安全保障委員会報告書には、共同

議長のセンその人が執筆したコラムがあります（第一章1・3）。ここでセンは、人間開発と、「人間の安全保障」との関係について詳述していますが、両者の対比に使ったのが、「状況が悪化する危険性（downside risks）」への対処、という興味深い概念です。

センによれば、人間開発は「進歩と増進をその主眼としてきたために、活力に満ちた楽天的な性格を有している。人間の生命をより豊かにする目的で新たな領域を征服していくことがこの概念の目的であり、守るべきものを守るための後衛に徹するにはあまりにも前向き」として、ここにこそ、「人間の安全保障」の概念が特別の意味をもつ理由があると主張します。金融や経済の急激な変動、紛争や悲劇的な事件、自然災害、感染症の拡大などにより、突如として人が貧困や危険な状態に陥り、何年にも及ぶ人間開発の成果を一気に台無しにするのみならず、政情不安や武力紛争も生じかねない。こうした危機、ダウンサイドリスクに直接関心を向けることによって、「公平な成長（*expansion with equity*）」に焦点を当てつつ楽観的に拡大していく人間開発の性質を「危機下における安全の確保・安全な後退（*downturn with security*）」という視点で補うというのです。

さらに、「人間の安全保障」は、人々自身が突然襲いくる困窮の危険に対処し、「場合によっては打ち勝てるようにするために、人々を保護し、その能力の強化を求めている」としています。ダウンサイドリスクに目を向け、安全な後退を目指す。ここに危機管理論、リスク管理論としての「人間の安全保障」の特質もみることができます。筆者が講義を担当している「人間の安全保障論」が、立教大学大学院21世紀社会デザイン研究科の危機管理学演習の科目群に位置づけられているのは、決して偶然ではないのです。

以上、人間の安全保障委員会の「人間の安全保障」についてみてきました。この委員会は、開発型アプローチを取る日本政府の資金によりスタートしたものですが、最終報告書の提言からもわかるとおり、ここでの「人間の安全保障」概念は、貧困・教育・医療といった「欠乏からの自由」に加え、「恐怖からの自由」(紛争や難民、抑圧等の課題)も同等に重視する概念として確立していることがみて取れます。

5　国際社会における議論の進展

三つの国連文書

「人間の安全保障」の概念が登場して三〇年近くが経過しました。この間、国際的には、「人間の安全保障」に対する批判や否定的見解も多くありました。一九九四年にUNDPが導入した際の時代状況、カナダや日本の国情や国益もさることながら、対象範囲が広く、分析概念として実用性を欠く、概念的に曖昧で未成熟、明晰さを欠く、新たな植民地主義・帝国主義イデオロギーを隠蔽する、主体と客体の議論がない、一般市民を一方的に保護する対象に置いている、「国家の安全保障」と「人間の安全保障」を相互補完的と位置づけつつ、両者が矛盾・対立する場合の考察がない、などです。また、途上国の間では、「人間の安全保障」を大義名分とした内政干渉に発展するのではないか、という危惧や反対もありました。

しかし、二〇〇五年三月二一日のコフィ・アナン事務総長（当時）の国連改革に関する「より大きな自由を求めて」と題した報告書でも、「人間の安全保障」が二一世紀の多様化する脅威に対処するものとして重要であることが述べられ、また同年九月一五日、国連総会首脳会合（世界サミット）で採択された成果文書の中でも、「人間の安全保障」に関する文言が入りました。これが、その後の国連における「人間の安全保障」概念の浸透と普及の重要な基礎となります。該当部分を引用します。

人間の安全保障

（一四三パラグラフ）我々は、人々が、自由に、かつ尊厳を持って、貧困と絶望から解き放たれて生きる権利を強調する。我々は、全ての個人、特に脆弱な人々が、全ての権利を享受し、人間としての潜在力を十分に発展させるために、平等な機会を持ち、恐怖からの自由と欠乏からの自由を得る権利を有していることを認識する。このため、我々は、総会において人間の安全保障の概念について討議し、定義付けを行うことにコミットする。（外務省仮訳）

この文言の挿入に日本政府の強力な運動、働きかけがあったことはいうまでもありません。日本政府は、この成果文書のフォローアップと「人間の安全保障」への関心国の拡大を目的として、二〇〇六年一〇月に非公式なフォーラムである「人間の安全保障フレンズ」を立ち上げます。この会合は、二〇〇七年から〇九年まで全七回開催（第二回以降はメキシコとの共同議長）され参加国・国際機関数も急速に拡大。第一回会合の二四ヵ国・七機関が、第三回では倍の四八ヵ国・地域、一一機関に、二〇〇九年の第七回会合では八五ヵ国・地域、二一機関となりました。二〇〇八年五月には、「人間の安全保障」を取り上げた国連総会のテーマ別討論会も初めて開催され、「人間の安全保障」はより多くの国連加盟国によって受け入れられるようになっています。

さらに、二〇一〇年三月には、潘基文事務総長が、二〇〇五年の成果文書で求められていた人間の安全保障報告を発表、二〇〇五年以降の国連における「人間の安全保障」に関する議論や実践状況を評価しました。

その後も、国連において、二〇〇五年の成果文書のフォローアップとして、「人間の安全保障」の定義をめぐり、保護する責任との相違や、主権、内政不干渉原則への扱い、軍事的強制力などについて議論が重ねられ、以下の「人間の安全保障」に関する事務総長報告や、国連総会決議の採択につながりました。

二〇一〇年四月九日　人間の安全保障に関する国連事務総長報告発表（A/64/701）

七月二七日 人間の安全保障に関する国連総会決議採択（A/RES/64/291）
二〇一二年四月五日 人間の安全保障に関する国連事務総長報告発表（A/66/763）
九月一〇日 人間の安全保障に関する国連総会決議採択（A/RES/66/290）

とりわけ、二〇一二年九月の第六六会期国連総会において採択された人間の安全保障に関する決議において、加盟国は、以下のとおり人間の安全保障の共通理解に合意をみたといえます。

二〇一二年の国連総会決議による人間の安全保障に関する共通理解（一部抜粋）

・人間の安全保障は、加盟国が人々の生存、生計及び尊厳に対する広範かつ分野横断的な課題を特定し対処することを補助するアプローチであることに合意する。これに基づき、人間の安全保障の概念に関する共通理解は以下を含む。

a 人々が自由と尊厳の内に生存し、貧困と絶望から免れて生きる権利。すべての人々、特に脆弱な人々は、すべての権利を享受し彼らの持つ人間としての可能性を開花させる機会を平等に有し、恐怖からの自由と欠乏からの自由を享受する権利を有する。

b 人間の安全保障は、すべての人々及びコミュニティの保護と能力強化に資する、人間中心の、包括的で、文脈に応じた、予防的な対応を求めるものである。

c 人間の安全保障は、平和、開発及び人権の相互連関性を認識し、市民的、政治的、経済的、社会的及び文化的権利を等しく考慮に入れるものである。

d 人間の安全保障の概念は保護する責任及びその履行とは異なる。

e 人間の安全保障は武力による威嚇若しくは武力行使又は強制措置を求めるものではない。人間の安全保障は国家の安全保障を代替するものではない。

f 人間の安全保障は国家のオーナーシップに基づくものである。人間の安全保障に関する政治的、経済的、社会的及び文化的な状況は、国家間及び国内並びに時代によって大きく異なり、それゆえ、人間の安全保障は国家による地域の実情に即した対応を強化するものである。

g 政府は市民の生存、生計及び尊厳を確保する一義的な役割及び責任を有する。国際社会は政府の求めに応じ、現在及び将来の危機に対処する政府の能力の強化に必要な支援を提供し補完する役割を担う。人間の安全保障は、政府、国際機関及び地域機関並びに市民社会の更なる協調とパートナーシップを求めるものである。

h 人間の安全保障は、国家主権の尊重、領土保全及び本質上国家の国内管轄権内にある事項への不干渉といった国連憲章の目的と理念を尊重して実践されなければならない。人間の安全保障は国家に追加的な法的義務を課すものではない。

・開発、平和及び安全並びに人権は国連の柱であり、相互に関連し補強し合うものである一方で、開発を達成することはそれ自体が中心的な目標であり、人間の安全保障の促進は、持続可能な開発とミレニアム開発目標を含む国際的な開発目標の実現に貢献すべきであることを認める。

「人間の安全保障」概念の分野横断性・包括性、人間中心、保護と能力強化、予防の重要性、保護する責任との明確な区別、軍事力の不使用、国家主権・内政不干渉原則の尊重、国家のオーナーシップと地域の特性重視、多様な主体とのパートナーシップ、などがポイントです。なお、この決議の共同提案国は、日本を含む次の二五ヵ国です。豪、ベナン、チリ、コスタリカ、フィジー、ホンジュラス、日本、ケニア、ヨルダン、リベリア、マダガスカル、メキシコ、ミクロネシア、モンゴル、ナウル、パラオ、パナマ、パプア・ニューギニア、フィリピン、韓国、サモア、セネガル、タイ、チュニジア、ウガンダ。

この重要な合意形成により、国際社会における「人間の安全保障」概念のさらなる普及と実施に向けた取り組みが加速されることになるでしょう。

「人間の安全保障」が、登場後二〇年近くを経て、国際社会でこのように主流化された背景には、日本を中心とする推進国の、一貫した取り組みがあったことがまず挙げられます。さらに「人間の安全保障」の概念が、開発途上国における生存条件の問題や国家間紛争による欠乏、恐怖にとどまらず、国際テロや犯罪、地球温暖化、巨大自然災害など、国家としての枠組みを超えた脅威をも対象にするようになったこと、米国のイラク撤退、欧州のユーロ危機といった絶対的な政治力が衰退しつつある中で、「人間の安全保障」概念が見直されていること、米国を襲ったハリケーン・カトリーナ（二〇〇五年八月）、オーストラリアで発生した大規模な山火事ブラック・サタデー（二〇〇九年二月）、そして、日本の東日本大震災（二〇一一年三月）などを経て、先進国においても、大規模災害時の被災者の「人間の安全保障」の確保が重要課題になったことが背景にあるといえるでしょう。

進化・発展する「人間の安全保障」概念と人権・尊厳

「人間の安全保障」は、発展しつつある概念（evolving concept）とも呼ばれます。国際社会においては、国連のみならず、主要国首脳会議（G8サミット）、世界経済フォーラム（WEF）、アジア太平洋経済協力（APEC）、米州機構（OAS）、アフリカ連合（AU）、欧州連合（EU）などの会議で言及され、宣言や協定に包含されるようになりました。さまざまな地域機関が「人間の安全保障」概念を取り入れているのは、これが、地域ごとに特色のある脅威に対応できる柔軟性、包括性をもっているからといえるでしょう。「人間の安全保障」に対する脅威は、時代により、地域により変化しますが、これに対応する「人間の安全保障」の内容も同様に変化・発展する概念といえます。

　さて、「人間の安全保障」概念を概観した本章の終わりに、人権と「人間の安全保障」の関係を整理しておきたいと思います。センは、先に紹介したコラムにおいて、開発と「人間の安全保障」の関係のみならず、人権と「人間の安全保障」の関係についても言及しました。

センは、「人間の安全保障」と結びつく自由は人権の重要な一部であり、人権と「人間の安全保障」は、相反するものではなく相互に補完し合う概念であると述べました。人権は何でも入る箱であり、「人間の安全保障」は、論理的な確証を通じて（つまり、危険要因克服の重要性を示すことにより）、この重大な箱の一部を満たす役割を担うといいます。

二〇一〇年の事務総長報告において、「人間の安全保障」は、人生にとって基本的である一連の自由の普遍性と重要性を強調し、それによって市民的権利、政治的権利、経済的権利、社会的権利、文化的権利の区別をせず、多面的また包括的な方法で安全保障への脅威に対応する、としています。「人間の安全保障」は人権保障とイコールではありません。しかし、両者は密接に補完しつつ関わり合っているのです。この関係を象徴的に示す概念として「尊厳（dignity）」があります。日本では一九九八年一二月の小渕総理演説において「人間の生存、生活、尊厳を脅かすあらゆる種類の脅威を包括的に捉え」る概念として「人間の安全保障」を提示するなど当初から意識され、先に引用した国連文書にも明記された概念です。本書でも恐怖と欠乏からの自由に加え、「人間の安全保障」が実現しようとする三つめの自由・価値として、「尊厳をもって生きる自由」を位置付けていきます。

第4章　「人間の安全保障」の担い手

第3章では、「人間の安全保障」概念について整理しました。では、現場の「人間の安全保障」を誰がどのように、担っているのでしょうか。国家と軍隊が主たる担い手であった国家の安全保障、軍事力による安全保障に比べて、多様な脅威に対応する「人間の安全保障」は担い手・主体《アクター》も実にさまざまです。この章では、この「人間の安全保障」のさまざまな担い手を、その特徴、強みと弱みという観点から整理していきましょう。

1　国家――（1）自国民に対する担い手として

国民に対する最大の責任と義務

「人間の安全保障」は、国家のみが安全保障の担い手となる従来の国家の安全保障では、人々や社会、コミュニティの安全は保障されない、という主張とともに登場しました。「人間の安全保障」概念は、現在の主権国家体制を否定するものではありません。両者は相反するものではなく、相互に補い合い依存する関係としてあるものです。人間の安全保障委員会の言葉を借りるなら、「人間の安全保障」なしに、「国家の安全保障」は実現することはできないし、「国家の安全保障」なしに「人間の安全保障」を実現することもできないのです。そもそも政府は、「人間の安全保障」の二つの重要原則、保護と能力強化の内、保護の主体です。緒方貞子は、「保護」とはすなわち「統治」の強化であり、人々の基本的な権利と自由、尊厳を守るために、司法や行政制度の整備、政府機関の能力向上を図るものだとしています。

その意味において、また、「人間の安全保障」に関するすべての担い手の中で、国民や住民の安全を保障する最大の責任と義務を負っているという点で、さらに最も包括的かつ分野横断的に「人間の安全保障」を確保する機能を備えているという点で、国家および地方政府や行政は、「人間の安全保障」の唯一ではないものの、主要なアクターです。そして、人々の保護のために、不断に自らの能力向上を図るべき主体でもあります。

全国民、全住民を対象とするという意味で、またそのあらゆるニーズに対応する、という意味で、包括的、網羅的、分野横断的である、というのは、「人間の安全保障」の担い手である国家の大きな特徴です。後にみるように、「人間の安全保障」の主要な担い手に数えられる国連機関や国際機関、NGO、市民団体などは多くが、保健、教育、環境、難民、といったシングルイシュー（単一の課題）、一つの領域に特化した専門組織だからです。

他方で、明らかに国家の役割には限界があります。財政的な限界、網羅性、広範性ゆえの漏れ、あるいは国家や行政の不作為、そして時に怠慢により、すべての人、すべての弱者の安全を保障することができず、その網の目からこぼれる国民、住民、集団が必ず存在します。その意味で、それぞれの領域、分野に特化した市民団体やNGO、国連機関が補完的に、また主導的に活動する場があるのです。

また、現在の国際社会をみれば、法的に最大の責任を負っているとはいえ、必ずしもすべての国家がその国民を保護できるわけではありません。すでに確認したように、行政サービスや公共財の提供が一切できない破綻国家や崩壊国家が存在し、さらには、国家そのものが、本来保護すべき国民を保護するどころか、迫害し、虐殺する、といった事例さえあります。一九九四年四月から七月にかけてのおよそ一〇〇日間にツチを中心とする八〇万人にも及ぶ人々が、虐殺されたルワンダのジェノサイド（集団殺害）では、ジェノサイドの首謀者とその主たる実行者は、フツの民兵に加えて、フツからなる政府と政府軍でした。職業や性別を問わず、一般住民も多く加担したものの、まさに国家および国軍が自国民を、その抹殺を意図して虐殺したのです。

政策立案者、災害時の援助の受け入れ窓口として

国家自身が「人間の安全保障」の担い手になる一方で、政府ならではの重要な役割があります。立法府として法をつくるとともに、さまざまな政策・方針を立てることです。「人間の安全保障」の視点からいえば、多様な課題が存在する中で、どこに優先的に予算を振り向けるのか、医療体制をどのように確保していくのか、誰の安全をどこまで保障するのか。災害時の補償をどこまで行うのか。その意味で、こうした政策決定に影響を与える市民社会のロビー活動、アドボカシー（政策提言）活動は、非常に重要です。

災害に見舞われた際、あるいは紛争状態にある時に、諸外国政府や国連、ＮＧＯからの支援を受け入れるか否か、この判断も国家の役割です。主権国家システム上、当事国政府の受け入れ同意がない限り、国連や外国政府は立ち入ることができません。そうした同意を必ずしも必要としないＮＧＯなどの民間団体も、入国するには、相手国政府が発行する査証《ビザ》が必要です。もともとその国で活動を行っていたというような例外を除き、同様に活動することができません。あるいはもともとその国で活動を行っていたＮＧＯであっても、統制が厳しい国家の場合、従来の目的や事前に届け出た活動地以外での活動は禁じられることがままあります。

外国の、あるいは国際社会の援助を受け入れるか否か。実はこれは、当事国政府が国民の「人間の安全保障」を確保する上で、自らが主体的に保護活動を行うのと同じくらい重要です。

破綻国家など、当事国に国民を助ける力と意思がない時には、国際社会の援助の受け入れは、実は国家が行いうる最も重要な行為ということもできます。

救援体制がどれほど整備されているのか。さらには、当該社会やコミュニティが、災害に対して、どれくらい脆弱であるのか、元の状態に戻す能力・復元力・回復力《レジリエンス》がどれくらい備わっているのか。同じ規模の地震が襲っても、耐震・免震構造を備えた家屋と、そうでない家屋にいる場合とでは、被害規模はまったく異なります。さらには災害に対する備え、防災設備がどれくらい整い、防災意識がどれくらい徹底されているのか。こうしたさまざまな要因に加えて、海外からの援助を受け入れるか否か。こうしたことの総体が災害時、住民の「人間の安全保障」がどれくらい確保されるか、あるいは損なわれるかに関わってくるのです。

> (災害時の「人間の安全保障」の確保の程度)＝
> 現状－(災害の規模・形態)－(災害に対する社会の脆弱度)
> ＋(救援体制の整備度)＋(社会のレジリエンス)＋(災害への備え・防災)

被災者の運命を左右する政府対応

圧倒的な自然災害を前に、国内の対応力が十分ではなくとも外国からの支援を拒絶する例は後を絶ちません。支援を拒絶する途上国側の論理としては次のような例が考えられます。

・反欧米、反国連感情があり、欧米諸国や国連の支援を受けたくない。
・援助と引き換えに、内政干渉をされたくない。
・安全保障上重要な軍事情報、機密情報を、外国政府や軍隊にさらしたくない。
・主権国家としての威信。
・自然災害の発生地が、少数民族や独立派勢力の支配地であり、外国人の立ち入りを避けたい。
・外国からの支援を受け入れたことがないため、どうしてよいのかわからない。

あるいは単なる怠慢、というような場合もあるかもしれません。いずれの場合も、被災した国民に外国の支援を借りてでも、一刻も早く支援を届ける、被災者の「人間の安全保障」の確保を最優先する、というロジック(論理)ではなく、国家の安全保障の視点が優先されたことは間違いありません。では、東日本大震災の際の日本政府の対応はどうだったでしょうか。この点については、第8章で検討します。

2 国家──(2)他国民に対する担い手として

各国政府が、「人間の安全保障」の確保を担うのは、自国民に限りません。貧困のため、あるいは紛争下にあり、当事国政府のみでは人々の安全保障の確保が困難な際に、諸外国政府が支援を行うことは、国際社会の一員としての責務でもあります。「グローバルな倫理」からの要請といってもいいかもしれません。また、そもそも、「人間の安全保障」概念は、各国政府が、冷戦崩壊後、援助から戦略的な重要性をもたなくなった後も、途上国の支援を行うための政策枠組みとして、UNDPによって提案されたものです。

ドナーとしての政府

日本をはじめ先進諸国は、政府開発援助（ODA：Official Development Assistance）という形で、途上国支援を行ってきました。ODAとは、「政府または政府の実施機関によって開発途上国または国際機関に供与されるもので、開発途上国の経済・社会の発展や福祉の向上に役立つために行う資金・技術提供による公的資金を用いた協力のことです」（外務省ホームページより）。開発途上国を直接支援する二国間援助（バイ）と、ユニセフなどの国連・国際機関を通じて支援する多国間援助（マルチ）とがあります。

ODAはより厳密にいえば、後述する経済協力開発機構（OECD）の開発援助委員会（DAC：Development Assistance Committee）が作成する援助受取国・地域のリストに掲載された開発途上国・地域に対し、主に経済開発や福祉の向上に寄与することを目的として公的機関によって供与される贈与および条件の緩やかな貸付のことです（外務省ODA白書より）。

ＯＥＣＤとは先進国間の意見交換や情報交換を通じて経済成長や貿易自由化、途上国支援に対して貢献することを目的とした組織です。二〇二〇年現在三七ヵ国が加盟していますが、このＯＥＣＤ傘下の委員会に開発援助委員会があります。ＯＥＣＤ加盟国のうち二九ヵ国および欧州委員会から構成されるものです。対途上国援助の量的拡大とその効率化を図ること、加盟国の援助の量と質について定期的に相互検討を行うこと等を目的に運営されています。では、その援助規模は一体どれくらいのものでしょうか。

二〇一九年のＤＡＣ諸国のＯＤＡ実績の純支出額は二九ヵ国計で、一五二八億ドルです。世界のドナー国上位三〇ヵ国をまとめたＤＡＣの統計（二〇一六）によれば、米、英、独、日、仏、スウェーデンという上位六ヵ国に続き、サウジアラビア（七位）、ＵＡＥアラブ首長国連邦（九位）、トルコ（一三位）、中国（一六位）、インド（二〇位）、カタール（二二位）、ロシア（二五位）、ブラジル（三〇位）と、非ＤＡＣ諸国八ヵ国が入っています。今後これらの国々の貢献が期待されます。

＊ＤＡＣメンバー：豪、墺、ベルギー、加、チェコ、デンマーク、フィンランド、仏、独、ギリシャ、ハンガリー、アイスランド、アイルランド、伊、日本、韓国、ルクセンブルク、蘭、ＮＺ、ノルウェー、ポーランド、ポルトガル、スロバキア、スロベニア、スペイン、スウェーデン、スイス、英、米、ＥＵ。

3　軍隊・軍事組織

軍隊は、「人間の安全保障」概念のうち、特に恐怖からの自由を確保する上で重要な一翼を担うアクターです。第3章で確認したとおり、国連総会の決議では、「人間の安全保障」概念において、武力の行使はないことが確認されていますが、戦闘目的ではない、いわゆる災害支援などで軍隊は主要なアクターの一つです。しかし、「人間の安全保障」の担い手として、軍隊・軍事組織を挙げる際には注意が必要です。国により、政体によりその在り方や指揮命令系統がまったく異なるからです。

まず、政体により、軍隊が独自の意思で自ら行動するような国家体制があります。他方で、軍隊が、民主的な選挙で選ばれた国民の代表により統治される政府の指揮下に入る、シビリアン・コントロール（文民統制：civilian control of the military）が制度として成立している民主主義国家があります。この場合、制度どおりに統制がなされている国家にあっては、軍隊が自らの意思で国外に派遣されることはありえません。また、日本の自衛隊であれば、任務、部隊の組織や編成、行動、使用できる武器や権限について、自衛隊法によって細かく定められています。

また、そもそも、軍隊が「人間の安全保障」の担い手であるのかという重要かつ根源的な問いが存在します。例えば、軍隊は、その性質上、人々の安全を保護する主体ではなく、人々の人権を剝奪し、人間を抑圧する主体なのだ、という主張があります。実際、一九九四年の四月から七月までのおよそ一〇〇日間で八〇万人もの罪のない人々の命を奪ったルワンダのジェノサイドにおいて、その首謀者は政府と正規軍、そして民兵でした。世界で最も多くの人員を国連の平和維持活動に派兵しているバングラデシュ軍は、国連PKO部隊の全兵員の一割以上を担う、数の上では主力部隊です。しかし、例えばチッタゴン丘陵に住む国内の少数民族からみれば明らかな暴力装置、人権抑圧装置として機能しています。軍隊のもつこの二つの顔、二面性をどう評価すべきか。これは、私たちが心にとめておくべき論点です。

軍事的アクターの課題

総じて、軍隊による支援は、自然災害においては東日本大震災時に自衛隊や米軍の活動が示したように、明確な指揮命令系統の下、トラックや航空機、ヘリコプター、船舶などその装備や人員を動員して、早く、大量に目的地に援助物資を送ることができます。急を要する緊急人道支援において、非常に重要な役割です。

しかし、軍隊が平和活動において、直接に支援活動を行うことは、民間の援助団体から慎重論や批判が出ています。これらNGOが提供する支援活動の阻害要因となり、人々の安全保障の確保にマイナスに働く危険性があるからです。交戦当事者やそれに準ずる軍事組織が、人道支援をすることにより、民間団体による人道支援も、軍事行動の一つに捉えられる危険性があります。また、軍事組織の護衛などを受けて、一時的に安全性が高まったとしても、究極的には行動をともにすることで、やはり軍事組織と同一視され、中長期的には危険が高まります。さらに何より民間の支援団体の中立性が損なわれ、それがひいては、敵味方の区別なく、支援活動をしていく際の大きな障害になってしまうからです。

また、軍事的アクターによる支援に対しては、(1)即効性の高い援助(Quick Impact Projects)のみを重視し、長期的視点を欠く、(2)〔軍隊の展開費用は膨大であるので〕費用効率が悪い、(3)現地の文化やジェンダー・社会的弱者への配慮や視点を欠く、(4)Do No Harm(少なくとも援助によって現地社会に害を及ぼさない)の視点がない、といった批判が挙げられます。大別して、人道援助の原則との抵触と、軍による支援活動の質の低さに分類できますが、後者は、文民の援助の専門家を雇用したり、意識的にジェンダーや弱者に配慮し、Do No Harm の視点を持つことにより、改善可能な問題です。やはり重要なのは、前者の、人道支援の原則との抵触という課題となるでしょう。いずれにせよ、軍隊、軍事組織が、人道支援、復興支援活動の担い手になることは、さまざまな問題をはらんでいます。

【コラム④】　ＭＣＤＡガイドライン

『国連が複合的危機に際して行う人道的活動の支援のために軍および民間防衛資産の使用に関するガイドライン（Guidelines On The Use of Military and Civil Defence Assets To Support United Nations Humanitarian Activities in Complex Emergencies, March 2003〔UN MCDA Guidelines〕）』

国連の平和活動における民軍関係の政策や指針を担当する国連人道問題調整事務所（ＯＣＨＡ）が作成した文民向けのガイドラインの一つ。ＭＣＤＡ（military and civil defence assets 軍事・民間防衛資産）とは、国際的な支援活動において、外国の軍事組織および民間防衛団体（civil defence organization）により提供される支援要員、装備、物資およびサービスをさし、民間防衛団体とは、当該政府の管轄下で一九七七年の第一追加議定書六一条に列挙された諸機能（警報、立退き、避難所の管理、灯火管理措置の管理、救助、医療上の役務、消防、危険区域の探知および表示、汚染の除去および類似の防護措置など）を遂行する組織である。

なお、自然災害、工業技術・環境災害などについての国連の民軍関係のガイドラインとしては、『オスロ・ガイドライン』（二〇〇七年改訂）がある。

4　国連機関・国際機関・赤十字組織

国際連合・国連システム

国連やその計画、基金、および専門機関からなる、いわゆる「国連システム」「国連ファミリー」も、国内社会の国家同様、「人間の安全保障」を形成する、私たちのいわば生活すべてに影響する幅広い責務を遂行しています。

国連の活動は、広い意味ですべてが「人間の安全保障」に関係しているということができます。しかし、その中でも、特に、直接的な関わりの深い機関があります。「人間の安全保障」概念を導入したUNDPをはじめとして、UNHCR（国連難民高等弁務官事務所）、UNICEF、WFP（世界食糧計画）などです。これらの組織は、それぞれの専門分野において、人道的な保護の特別な側面や被保護者の特定集団を導く権限を主権国家から、委任されています。つまりマンデート機関とも呼ばれています。

UNHCRは、難民の保護を保障するために国家とともに活動することを国際的にマンデートされています。OHCHR（国連人権高等弁務官事務所）は人権を保護・推進し、人権侵害を防止すること、人権のあらゆる側面を実現するために国家とともに活動することを国際的にマンデートされています。UNOCHA（国連人道問題調整事務所）は、国際的な人道支援活動を総合的に調整し、また一般市民の保護活動においては、国連安保理の支援も行っています。UNICEF（国連児童基金）は女性や子どもを保護するために、国家とともに活動するという特別なマンデートを受けています。FAO（国連食糧農業機関）およびWFPは、国家が食糧の安全保障責任を果たすのを支援することがマンデートです。IOM（国際移住機関）は、危険にさらされた人々の移住あるいは自発的帰還を支援し、反人身売買の重要な調査や事業に携わるものです。当初は国連システム外の国際機関でしたが、二〇一六年九月、多くの難民・移民が国境を越えて移動せざるを得ない危機的状況を背景に「難民と移民に関する国連サミット」が開催された際、国連に加入しました。

こうした国連機関、国際機関の国際的なマンデートの権限の根拠は、国連総会決議や、条約です。UNICEFは、一九四六年一二月の第一回国連総会で、UNHCRは一九五〇年一二月一四日の国連総会決議でそれぞれ設立されました。次節でみるICRCの場合は、国際人道法すなわち、一九四九年のジュネーブ四条約と一九七二年の二つの追加議定書がその根拠です。

赤十字国際委員会

赤十字は「人道・公平・中立・独立・奉仕・単一・世界性」という七つの普遍的な原則（赤十字の基本原則）の下に、世界一九二の国や地域に赤十字・赤新月社・赤盾社《せきじゅんしゃ》のネットワークをもって活動する人道機関です。このネットワークは、「赤十字国際委員会」「国際赤十字・赤新月社連盟」「各国の赤十字社・赤新月社」の三つの機関で構成されており、三つの組織がそれぞれ役割をもちつつ、世界中で、戦争・紛争犠牲者の救援をはじめ、災害被災者の救援、医療・保健・社会福祉事業などを行っています。いずれも「人間の安全保障」に深く関わる活動です。まず、それぞれの組織の特徴から確認します。

赤十字国際委員会（ICRC／CICR：International Committee of the Red Cross）は、一八五九年にイタリア統一戦争の激戦地ソルフェリーノで負傷者を中立的に救護したアンリ・デュナンにさかのぼり、一八六三年にスイスのジュネーブに結成された「五人委員会」が前身となってできた組織です。紛争時に敵味方の区別なく犠牲者を保護する人道支援を組織的に行う団体としては、世界最古といえるでしょう。ジュネーブに本部を置き、その旗は、所在地スイス政府に敬意を表し、スイス国旗の赤と白を反転させて白地に赤の十字です。第2章でみたジュネーブ法系列の国際人道法を生み、その後の発展をリードしてきた機関であり、その活動もこのジュネーブ諸条約に規定されている国際機関です。その意味で、赤十字国際委員会は、国際人道法の実施や進展を監視し、紛争時に、一般市民・抑留者・戦争捕虜・負傷者など武力紛争の被害者を保護するために積極的に活動するという特別なマンデートを、ジュネーブ諸条約加盟国から受けているマンデート機関でもあります。

国際赤十字・赤新月社連盟

国際赤十字・赤新月社連盟（連盟、ＩＦＲＣ：International Federation of the Red Cross and Red Crescent Societies）は、各国の赤十字社・赤新月社及び赤盾社一九二社の国際的な連合体であり、ジュネーブに事務局と世界六〇ヵ所以上に代表部を置いている人道機関です。ＩＣＲＣが主に戦時に、紛争地での活動を主としているのに対し、ＩＦＲＣは平時、特に自然災害下の救援活動に大きな役割を果たしています。これらの活動を実施する各国赤十字・赤新月社間の活動の調整も大きな役割の一つです。

各国赤十字・赤新月社

世界各国に広がる赤十字社・赤新月社は、現在一九二の国と地域に広がっており、日本赤十字社もこの一つです。赤十字のマークは、キリスト教の十字架を表象したものではありません。しかし非キリスト教圏の国々、特にイスラム圏の諸国には十字架と十字軍を連想するものとして受け入れがたく、そこで、三日月を表象とした赤新月を使用し、赤新月社と呼ばれます。なお、各国の赤十字・赤新月社は、それぞれの国の中で人道的活動を行う一方で、大規模な災害が発生した際などには、国境を越えてお互いの活動を支援する責任を持っています。他方で、受け入れ赤十字・赤新月社が、ＩＦＲＣや他国の赤十字・赤新月社の派遣を不要とした場合、同意なしに活動することはできません。この点は、国連の仕組みと似通っています。

赤十字組織の特徴

赤十字の最大の特徴は、やはり紛争や災害時の緊急の支援です。一九二の拠点があり、つねに最も早い災害支援が可能です。また、東日本大震災に際して、世界各国の赤十字社から日本赤十字に向けて多額な寄付が寄せられたように、赤十字組織は大規模な災害の発生時、国境を越えて市民や企業が連帯する際の資金の重要なチャンネルとしても機能しています。

他方で、赤十字組織が活動する場所で、大規模な人権侵害、ジェノサイドなどが発生した場合の「告発」や裁判での「証言」についても赤十字は独自のスタンスを有しています。つねに紛争犠牲者とともに最前線にあるICRCは、残虐な行為の目撃者・証人となる事態にも度々遭遇しますが、ICRCは国際刑事裁判などの場でも、活動の過程で目撃した行為の「証言」をしないことをあらかじめ宣言しています。証言をすることにより、現場での中立性や守秘義務の担保などを紛争当事者から疑われ、ICRCの任務である人道支援や捕虜の訪問、安否確認などができなくなる恐れがあるからです。この点については後述する一部のNGOと対照的です。

また、ICRCの中立性や独立性とは裏腹に、各国の赤十字社・赤新月社は、政府と一体化しているところもあります。それゆえに各国の政治状況に左右され、国の分離、独立とともに、その地域で活動する赤十字・赤新月社も分離や独立を繰り返しています。

例えば世界で一番新しい国、南スーダン共和国を例に取りましょう。世界で一番新しい赤十字も南スーダンの赤十字です。それまで、スーダン赤新月社（the Sudanese Red Crescent）がありましたが、南スーダンの独立時に、南スーダン赤十字（the South Sudan Red Cross）が創設されました。旧ユーゴスラビアが六つの国に分離していく過程でも、赤十字にもまったく同様のことが起きました。時に誰が正当な赤十字かをめぐる争いにも発展します。このため、ＩＣＲＣの重要な任務の中に、新しく創設された赤十字・赤新月社の承認行為が含まれるのです。

5　ＮＧＯ

国家や国連を補完する「人間の安全保障」の最重要の担い手の一つがＮＧＯ（Non Governmental Organization）です。国連機関同様に、それぞれがミッションをもち、「人間の安全保障」の多様な脅威に対応しています。その意味で、ＮＧＯにとって、「人間の安全保障」という概念は決して新しいものではなく、国家ではなく、人々の安全を保障するという作業は、ＮＧＯにとっては、まさに存在理由《レゾンデートル》でもあるのです。ここではＮＧＯの多様性を中心に確認しましょう。

シングルイシューを追求するNGO

NGOは公益性の追求という目的、非営利、非政府という立場とともに、その多様性が最大の特徴です。国家と異なり、シングルイシュー（単一の課題）に特化することの多いNGOは、その分野では特筆すべき組織体ですが、他方で、単体で、「人間の安全保障」の多様なニーズすべてをカバーしているわけでも、できるわけでもありません。

人道支援や開発支援などの支援事業と、人権侵害の告発を単一の団体が担うのは、ほぼ不可能です。例えば、人権侵害を行う当該政府に対し、正面から政府批判を行うと、そのNGOは当該政府と活動に関して結んだ覚え書（MOU：Memorandum of Understanding）を取り消されたり、駐在する職員に対し、ビザの発給や更新を止められたりする可能性があります。「人間の安全保障」が阻害されている国において、困難な状況下にある紛争被害者や災害の被災者、障害者などの弱者に寄り添った活動をしようとすると、こうした人権侵害に対し、時に「沈黙」を強いられる場合があります。

他方で、正面から政府の人権侵害を批判する人権NGOは、現地に事務所を置かず、ワシントンや東京、ロンドンなど、海外の大都市で活動することが一般的です。どちらも重要な活動ですが、一つの団体が両方の活動を行うことは困難です。このように、圧倒的なニーズの片側しか満たすことができない、また特定分野に特化したシングルイシューの団体である、といった専門性が、NGOの特徴であると同時に限界ですが、NGOコミュニティあるいはNGO界全体としての多様性が、そうした個の団体の限界を補っているといえます。ではその多様性とはどのようなものでしょうか。

NGOの多様性

NGOの活動領域は、紛争下や紛争終結直後に行われる緊急人道支援、復興支援、開発、人権擁護、環境保護、動物愛護など多岐にわたります。その活動領域、活動分野から、「緊急NGO」「開発NGO」「人権NGO」「環境NGO」「アドボカシーNGO」といった名称が与えられています。活動内容もさまざまですが、以下、国際協力に関する例を挙げます。

・開発支援

貧困対策、保健衛生、教育、インフラの整備、人材育成や法・制度構築、農・漁業などの一次産業の支援など

・人道支援

難民・国内避難民支援、避難所(難民・避難民キャンプ)の設立・運営・維持管理、登録、保護、食糧配給、水、保健衛生、医療、栄養、生活援助物資配給

・復興支援

生活を災害前の状態に戻すための中長期的支援。インフラの再建、住居・学校・病院などの再建ほか

・平和構築

治安・軍事・安全保障領域――平和維持活動、DDR（武装解除、動員解除、元兵士の社会復帰）支援、特定兵器の規制など

和平プロセス・政治領域――選挙支援、民主化支援、行政制度や警察・司法制度、戦争犯罪人の処罰、人権擁護など

復興・開発領域――難民・国内避難民支援、食糧援助、医療・教育支援、基礎インフラ整備、経済・社会基盤の整備、対人地雷除去・犠牲者支援、ジェンダーの平等など

また、活動形態、資金の出所と組織の独立性、活動方針、活動拠点、成り立ちにおいてもNGOは多様です。

調整・コーディネーション・クラスター会議

さて、本章ではここまで、いわば支援活動を本業とする、あるいは本来任務の中に組み込んでいる主体をみてきました。それぞれに介入する目的や優先順位があることがわかります。人道支援の現場で、こうしたアクターが一斉にそれぞれの関心に従って援助を始めたらどうなるでしょうか。現場は大混乱に陥るとともに、安全が確保される、国際社会やメディアの関心が

高い、政治・経済的に重要な場所であるなど、さまざまな条件が整った国や場所、あるいは子どもを対象にした援助や、特定のメニューに支援が集中します。他方で、同じようなニーズがある、同じように人々の「人間の安全保障」が阻害されているにもかかわらず、援助がまったく行き届かない地域や紛争、災害が出てきます。現場のニーズとは、災害の規模や被災者の数だけではなく、当該国が海外の支援を受け入れているか否か、どれだけの数・規模の援助団体が入っているか、さらにそれらの団体間でどれほど調整がなされているかによって左右されるのです。

そのため援助の調整や、特定の現場でさまざまなアクター間の調整・コーディネーションが行われており、援助に関わる主体・組織にとって、こうした調整に参加することが必須の業務の一つになっています。

また、国連の人道機関を中心に、被災地および本部レベルの双方で、「クラスター」と呼ばれる支援分野ごとに、リード・エージェンシー（クラスターごとの幹事組織）を中心に、多種多様な支援主体間の情報共有や支援活動の調整を行い、連携を強化し、支援の重複を避けたりギャップを埋め、援助活動の効果を高めるアプローチが取られています。クラスター・アプローチと呼ばれるもので、二〇〇五年の国連人道支援改革の一環として、導入されました。IASC（Inter-Agency Standing Committee：機関間常設委員会）*が、以下一一のクラスターとリード・エージェンシーを決定しましたが、被災国の実情や時期にあわせて、クラスターの数やリード・エージェンシー、参加する団体は異なります。

＊一一のクラスター（リード・エージェンシー）：農業（FAO）、キャンプ調整及び運営（紛争時UNHCR、災害時IOM）、早期復旧（UNDP）、教育（UNICEF）、緊急シェルター（紛争時UNHCR、災害時IFRC）、緊急通信（OCHAなど）、保健（WHO）、輸送（WFP）、栄養（UNICEF）、保護（紛争時UNHCR、災害時UNHCR／OHCHR／UNICEF）、水と衛生（UNICEF）。

6　その他の主体

企業と国連グローバル・コンパクト

以前、国際協力の主体が、各国政府や国連、国際機関、そしてNGOに限定された時代がありました。しかし近年、当然のことではありますが、企業は、経済、ビジネスの分野のみならず、国際協力においても、重要な主体となり、またそのように認識されています。企業にとって、法令を遵守し、消費者によい製品やサービスを提供する、雇用を創出する、適切な労働環境を整える、税金を納める、環境に配慮する、地域社会に貢献する、適切な情報を開示するといった行為は、企業の社会的責任（CSR：Corporate Social Responsibility）です。社会的存在として、直接の利害関係者（ステークホルダー）である、消費者や投資家、株主、従業員のみならず、国際社会の「人間の安全保障」の確立に貢献するのも、企業の責任です。グローバル・コンパクトがその一例です。

国連グローバル・コンパクト（UNGC：The United Nations Global Compact）とは、一九九九年の世界経済フォーラム（ダボス）において、当時の国連事務総長コフィ・アナンが企業に対して提唱した取り組みです。グローバル・コンパクト（GC）は企業に対し、自らの影響が及ぶ範囲で、人権・労働基準・環境・腐敗防止の各分野で核になる以下の一〇原則を支持し、遵守するよう求めています。二〇二〇年現在、一六〇を超える国から一万二〇〇〇以上の企業が参加し、世界最大の企業の社会的責任のイニシアティブとなっています。

【人権】

原則1　企業はその影響の及ぶ範囲内で国際的に宣言されている人権の擁護を支持し、尊重する

原則2　人権侵害に加担しない

【労働】

原則3　組合結成の自由と団体交渉の権利を実効あるものにする

原則4　あらゆる形態の強制労働を排除する

原則5　児童労働を実効的に廃止する

原則6　雇用と職業に関する差別を撤廃する

【環境】

原則7　環境問題の予防的なアプローチを支持する

原則8　環境に関して一層の責任を担うためのイニシアティブを取る

原則9　環境にやさしい技術の開発と普及を促進する

【腐敗防止】

原則10　強要と賄賂を含むあらゆる形態の腐敗を防止するために取り組む

メディア・SNS

「人間の安全保障」に大きな影響力を与える存在としてメディアも重要なアクターです。従来は、新聞やテレビ、ラジオなどの既存メディアが、一般市民が災害や人道的危機の勃発を知るほとんど唯一の手段でした。どれほどの数の難民が出ようと、どれほど過酷な自然災害が起ころうと、メディアが伝える内容とともに、その回数、扱いにより、一般の人々の関心は大きく左右されます。被災者の困難な状況に変化がなくとも、時間が経過し、発信されるニュースの数が減れば、読者はあたかも事態が解決したかのような印象を受けます。また、営利企業としてのメディアの体制から、例えば日本の場合、欧米あるいはアジアにいる記者の数、置かれている支局の数と、アフリカ大陸にいる記者、支局の数に決定的な差があります。アメリカには、ワシントン、ニューヨーク、ロサンゼルスなど一国で数ヵ所、欧州やアジアでも主要国のほとんどに支局があるのに対し、アフリカ大陸全体で一ヵ所（ケニアまたは南アフリカ）という組織が圧倒的です。日本の政治経済、国際社会の動向に影響力を及ぼす地域、読者の関心がある地域に記者や支局を集中させるのは当然の選択ですが、記者や支局が偏在していれば、出てくる記事やニュースの量にいわずと知れた違いが出ます。その結果、欧米のメディアで大きく報じられていたアフリカの干ばつや疫病の発生が、日本ではほとんど報じられないことも起こりえます。その結果、人間の安全保障の担い手であり、また支援者でもある一般の市民に、その問題は存在しないも同然、という事態となることもあります。

こうした状況を大きく変えたのが、個人が世界中に低コストで情報発信ができるインターネットやツイッター、フェイスブックなど、ソーシャルメディアやSNS（ソーシャルネットワークサービス）という手段です。これらは重要な「人間の安全保障」の担い手ではありますが、同時に暴力的な個人や集団によっても利用され、「人間の安全保障」の阻害要因にもなっています。

消費者と選挙民

これまで、国家、国連、赤十字組織、NGO、企業、メディアの役割をみてきました。実はこのいずれにも大きな影響を及ぼすことができるのが、選挙民であり、消費者である私たち、一人ひとりの市民です。

まず、政府が行う「人間の安全保障」に関する政策、あるいは他国への介入政策について、民主主義国家であれば、納税者として、そして選挙民として声を上げ、また影響力を行使することが可能です。また、国連や国際機関に対しても、国家が拠出金や分担金を出しているわけですから、間接的であれ、市民は影響力を行使できる主体です。私たち一人ひとりが国際協力や人間の安全保障の担い手であるという認識が必要です。

企業に対しては、私たちは消費者として、その活動にさまざまなメッセージを送ることが可能です。「サプライチェーン」への関心を通じてです。途上国に工場がある企業で作られた製品の場合、果たして途上国の生産拠点では、児童労働は行われていないか、労働者の人権が守られているのかどうか。労働者の人権、労働環境などを軽視した結果安くできた商品と、そうした点に最大限の配慮を払った結果、値段が高くなった商品と私たちはどちらを選ぶのでしょうか。単純な価格の比較からだけなら私たちの消費行動は間違いなく安い製品のほうに流れるかもしれません。しかし、それが現地での人権侵害につながっているとしたら……。消費者としての私たちの責任は実は大変大きなものです。

そしてNGOに対しては、寄付者として、さまざまな意見を申し立てることが可能です。「人間の安全保障」の主体は、実は、国家や国連、そしてNGOのみではありません。私たち一人ひとりがその役割と責任を担っているのです。

第5章「恐怖からの自由」と「欠乏からの自由」

「人間の安全保障」の目標は、人々を恐怖と欠乏にまつわる多様な脅威から解放することです。一般的に、「恐怖からの自由」は紛争や暴力からの解放を、「欠乏からの自由」は貧困からの自由を指すと捉えられがちですが、両者は緊密に関わり、またそれぞれが非常に多岐にわたっています。では具体的に、「恐怖」や「欠乏」とはどういう状態を指すのでしょうか。

恐怖――紛争、自然災害、工業災害、原子力災害、大量破壊兵器（核兵器、生物・化学兵器）、通常兵器（地雷や不発弾、小型武器）の蔓延《まんえん》、感染症（HIV・伝染病など）、経済危機、テロ、犯罪、人権侵害、環境破壊、大規模な人口移動など欠乏――貧困、所得貧困、*飢餓、教育機会の欠如や剝奪・保健医療などのサービスの欠如あるいはそうしたサービスへのアクセスの欠如、ジェンダー間の不均衡など

＊所得貧困　それぞれの社会に、ある最低限の生活水準を維持するために必要な、さまざまな財やサービスの組み合わせが存在すると仮定します。その最低限必要な財やサービスを市場価格で購入するために必要な総額が貧困線（poverty line）といわれるものです。人の所得、または消費支出の総額が、この値を下回っている場合に、貧困であるとみなすのが「所得貧困」という概念です。

これらの問題が単独で存在することはなく、重層的に関わり、重なりあっていることはいうまでもありません。例えば、地雷被害者であるカンボジアの少女、ソン・コサル（Song Kosal）さんが、日本やカナダの子どもたちと、地雷の廃絶について話し合う「地雷をなくそう！　世界こどもサミット」に来日した際、コサルさんと、日本やカナダの子どもたちの間で議論がかみ合わない場面がしばしばありました。地雷問題を学び、地雷サミットに参加するために集まった、日本やカナダの子どもたちにとって、世界で最も重要、かつ深刻な課題は地雷問題でした。他方で、コサルさんにとって、六歳の時に地雷で足を失っていてもなお地雷問題は、カンボジアで日々直面するたくさんの問題の一つにすぎません。地雷の事故に遭わなくとも、貧困、障がい者に対する差別、結核、マラリア、HIV／エイズの問題、教育の問題などが厳として存在します。こうした多様な「恐怖」や「欠乏」の問題に注意を払わず、地雷だけを取り上げて議論することは、地雷の廃絶には有効であっても、多種多様な脅威に囲まれて生

きるコサルさんの生活そのものを改善することにはつながりません。

相互に関連し合う、多様な脅威に対応しようという「人間の安全保障」概念に価値があるのは、まさにこの点です。「人間の安全保障」が対象とする課題、「恐怖」や「欠乏」は幾つもがつながり、互いに関係し合っています。これを顕在化、意識化させ、相互に関連づけてくれるもの、援助団体にとっては、自らの専門分野のみの支援活動を行っても、他の分野の援助団体との協力がなければ、本当の「人間の安全保障」の確保は不可能であることを気付かせてくれるのが「人間の安全保障」です。

本章では、「人間の安全保障」に関わるさまざまな課題のうち、筆者の専門領域に近い、人の移動・難民問題、通常兵器の蔓延、子ども兵、紛争ダイヤモンド、子どもたちの労働問題、HIV/エイズ・感染症、ジェンダーに基づく暴力を中心的に取り上げます。

1 人の移動・難民問題

人は、暮らしの改善や新たな機会を求めて、あるいは貧困から脱出するため、また離れた土地に住む家族や親戚に合流するために移動します。他方で、戦争や暴力を伴う紛争や、紛争に起因する強制的な移動、人権侵害、追放、差別などにより移動を強いられる人も大勢います。

人間の安全保障委員会の言葉を借りるなら、多くの人にとって、移動することは、その過程で自らの「人間の安全保障」を損なう危険がある一方で、これを守り抜く死活的手段でもあります。国際移住機関（ＩＯＭ）の統計によれば、二〇二〇年現在、国境を越える移住、国内移住を合わせて、有史以来最も多い一〇億人、すなわち世界総人口の七人に一人が移民と推計されています。

難民と国内避難民

イギリスの政治学者メアリー・カルドー（Mary Kaldor,1946〜）は、「人間の安全保障」を測る上で、最も適した指標となるのは、おそらく避難民であると述べています。避難民は、自然災害にせよ戦争にせよ、現代の危機の典型的な特徴であるからです。

国連難民高等弁務官事務所（ＵＮＨＣＲ）の統計によれば、二〇一九年末時点で、七九五〇万人が、移動を余儀なくされています。そのうち二九六〇万人が国境を越えて他国へ逃れた難民、四五七〇万人が国内避難民、四二〇万人が難民としての庇護《ひご》を申請している人々です。以下、ＵＮＨＣＲの統計と分析に従って、現在の状況を概観していきましょう。

難民（Refugees）は、一九五一年の「難民の地位に関する条約（難民条約）」によって、「人種や宗教、国籍、政治的意見または特定の社会集団に属するなどの理由で、自国にいると迫害を受けるかあるいは迫害を受ける恐れがあるために他国に逃れ、その本国の保護を受けることができない、あるいはそのような恐怖を有するためにその本国の保護を受けることを望まない者」と定義されています。また、一九六九年アフリカ統一機構（ＯＡＵ）の「難民の地位に関する議定書」やラテン・アメリカ諸国による一九八四年「カルタヘナ宣言」では、難民の定義を拡大し、「戦争や内戦などにより故郷を追われた者」も含まれると、定めています。

現在、難民とは、政治的な迫害のほか、武力紛争や人権侵害などを逃れるために国境を越えて他国に庇護を求めた人々を指すようになっています。

一方、国内避難民（ＩＤＰｓ：Internally Displaced Persons）とは、難民同様、紛争などによって住み慣れた家や故郷を追われたものの、あるいは、干ばつなど自然災害により移動を余儀なくされたものの、国内にとどまっているか、国境を越えずに避難生活を送っている人々です。国境を越えていないことから、国際条約で難民として保護されることがないものの、難民同様の困難な状況に置かれています。

途上国にしわ寄せされる負担

みなさんは、世界の難民はそもそもどこに逃れ、保護を受けていると思いますか。

「今日の世界には、難民の動きと国際的な保護の枠組みに関してゆゆしき誤解がある。先進国への難民流入の恐れが、過大に誇張され、あるいは移民の問題と大きく混同されている。しかし、そうした誤解の中で、貧しい国々こそが、実際に難民受け入れの大きな負担を担っている」。これは二〇二一年六月二〇日、「世界難民の日」のグテーレス国連難民高等弁務官（当時）の発言です。約一〇年が経過してなお、この傾向に変化はありません。二〇二〇年六月に公表されたUNHCRの年間統計報告書『グローバル・トレンズ・レポート（Global Trends Report）』によれば、世界の難民の七三％は、出身国と接する周辺国にとどまっています。その結果、世界の難民の八〇％は、発展途上国におり、世界の最も貧しい国々が中心となって難民への庇護を提供しています。なかでもトルコ（三五八万人、五年連続一位）、コロンビア（国外に避難したベネズエラ人一七八万人）、パキスタン（一四二万人）、ウガンダ（一三六万人）の四ヵ国が二〇一九年一二月時点で世界の四大難民受け入れ国であり、このあとドイツ（一一五万人）が続きます。人口比で最大の難民受け入れ国はレバノンで七人に一人が難民です。

ではこれらの難民をどこから来たのでしょう。同じく二〇一九年末時点で最も多くの難民を出しているのが、シリア（六六二万人）、ベネズエラ（三六八万人）、アフガニスタン（二七三万人）、南スーダン（二二三万人）、そしてロヒンギャ難民が発生したミャンマー（一〇八万人）の五ヵ国で、全体の六八％にのぼります。さらに、国境を越えてはいないものの、難民同様の境遇にある国内避難民は、コロンビア（七九八万人）、シリア（六一五万人）、コンゴ民主共和国（五〇一万人）、イエメン（三六三万人）、ソマリア（二六五万人）、アフガニスタン（二五五万人）、ナイジェリア（二二〇万人）、スーダン（一八九万人）、エチオピア（一七三万人）、南スーダン（一六七万人）で発生しており、深刻な情勢がうかがえます。

世界最大の難民出身国になっているシリアでは人口二〇八二万人（二〇一二年世界銀行）のうち、六割を超える一二七七万人が難民、あるいは国内避難民となり、長年難民を受け入れてきたシリアが世界最大の難民を出す側にまわっています。

また、難民・国内避難民として移動を余儀なくされた七九五〇万人のうちの四〇％、実に三〇〇〇万人以上が一八歳未満の子どもです。難民の子どもたちが、単身であるいは親と離れ離れになった状態に置かれています。

先のカルドーの言葉どおり、難民・避難民の問題は世界の人間の安全保障の状況を測る重要な指標です。UNHCRの年間統計報告書『グローバル・トレンズ・レポート』は毎年六月二〇日の「世界難民の日」に合わせUNHCRのホームページに公開されます（前年一二月末日時点の統計）。日本語では要約のみですが、詳細なデータが英語版の末尾に掲載されています。ぜひ、ご自分で毎年の変動を調べて、難民問題を身近に感じてください。

無国籍者

「私の望みはただ一つ。私が死んだら、この世に存在したという証に、せめて死亡証明書を出してほしい。ただそれだけです」。UNHCRの機関誌に紹介されたカンボジア難民女性の言葉です。三五年にわたり無国籍者としてベトナムで生きてきた女性です。

各国政府の情報に基づき集計すると、二〇一九年末時点で無国籍者の数は、七六ヵ国で総計四二〇万人とされていますが、申告していない国が多く、実態は不明です。最大の無国籍者を抱えるのがバングラデシュで、ミャンマーのラカイン州から避難しているロヒンギャの人々八五万人が無国籍者です。無国籍状態にある、というのは、どこの国の国籍ももたずに、生きているということで、難民問題とはコインの裏表のように切っても切り離せない問題です。無国籍になる原因としては、国の分離・独立や国籍法の複雑さ、国籍の継承についてのジェンダー差別や国籍剝奪などさまざまな要因が考えられますが、私たちが想像すらできないような不自由に見舞われています。出生の登録、結婚、医療サービスを受ける等、一般的に当然と思われる基本的なことすら想像を絶する困難が伴います。自分の身元が証明できず、また帰る国もないために、何年間も拘禁されるような事態も発生しています。ある意味では、「人間の安全保障」が最も脅かされている人々、といえるかもしれません。

移民

移動する人々の多くを占める移民は、強制的に移動を強いられる難民や国内避難民と異なり自主的に自らの意思で移動した、という理由で、「人間の安全保障」がしばしば損なわれがちな存在であることを見過ごされがちです。

ＩＯＭによれば、世界の移民数は実に一〇億人以上に上り、世界中のすべての国が移民がもたらす労働力や技術、知識、または移民による送金のいずれかに依存している、としています。

IOMはまた一見、移民問題とは無関係にみえる、保健医療の分野で、地球規模で取り組むべき課題の一つが移民問題であるといいます。移民は言語や文化の違い、手頃な費用で受けられる保健サービスや保険の欠如、手続き的な障害、在留資格の問題、しばしば極端な長時間勤務や時間外労働をしていることなどから、保健サービスへのアクセスが非常に困難な状況に置かれているからです。また、不正規移民は、暴力や搾取、貧しい生活環境、危険な労働などにさらされるリスクが高く、最も弱い立場にある移民といえます。強制退去を恐れて、医療機関を受診するのは、事故など緊急時か、すでに手遅れになるような状況下です。近年、地球規模で重症急性呼吸器症候群（SARS）や鳥インフルエンザ、結核などの再流行といった保健分野の危機があり、各国の保健システムに移民を含める必要性が明らかであるにもかかわらず、世界規模での対応はなかなか進んでいないのが実情です。さらに新型コロナウィルスの感染拡大が、難民・国内避難民同様、移民の健康と安全を一層の危機にさらしています。

2 通常兵器の蔓延

戦争や紛争で使用される兵器は、大別して、大量破壊兵器（核兵器、生物兵器、化学兵器）と通常兵器に分けることができます。通常兵器とは、大量破壊兵器以外のすべての兵器を指し、戦闘機、戦艦、戦車からミサイルといった大型の兵器から、携帯用の地対空ミサイル、機関銃、拳銃などの小型武器、地雷やクラスター弾まで広く含まれます。

ストックホルム国際平和研究所（SIPRI）の推定によれば二〇二〇年現在、世界九ヵ国に計一万三四〇〇発の核弾頭が存在しています。アメリカ、ロシア、中国、フランス、イギリスという五大核保有国の軍縮は進まず、これ以外にインド、パキスタン、イスラエル、北朝鮮が核兵器を保有、核兵器がテロリストにわたる危険も高まっています。しかし、核兵器そのものは、一九四五年の広島、長崎への原爆投下以来、実際に使用されてはいません。冷戦下、米ソの対立が深まり、核戦争勃発の恐れが高まったものの、実際の使用は避けられたからです。

そんな冷たい戦争の陰で戦われていた熱い代理紛争、地域紛争、そして冷戦後に急増した民族紛争で繰り返し使用され、蔓延してきたのが、通常兵器、特に対人地雷と小型武器です。

地雷・クラスター爆弾

対人地雷は、一度埋設されると半永久的に効力を保ち続け、紛争終結後も一般市民に被害を及ぼすことから「悪魔の兵器」とも呼ばれる、非人道的な兵器です。世界では、数千万個ともいわれる地雷が、今日も人々を脅かしています。

また、クラスター爆弾を含む不発弾も、地雷と同様にそこに暮らす一般市民に甚大な被害を引き起こしています。対人地雷は、一度埋設されたら五〇年でも一〇〇年でも効力を保ち続けることができ、誰でも、何でも起爆させるという残存性、五キログラム以上の重さがあれば、誰でも、何でも起爆させることができ、兵士も民間人も、男性も女性も、大人も子どもも、一切の区別なく死傷させるという無差別性、けがの残虐性という三つの特徴から、他の通常兵器から区別され、人道的な見地から、廃絶運動の対象となりました。対人地雷が被害を及ぼすのは犠牲者本人に限りません。保険制度や福祉制度などが整わない途上国では、治療費を被害者家族が捻出しなければならないため、経済的に破綻し、極度の貧困に陥る家庭も多いのが実情です。また、農地や宅地が地雷原となり使用できなくなったコミュニティや社会、国全体が対人地雷の被害者ということができます。

「事実上の大量破壊兵器」小型武器

Small Arms Surveyによれば、二〇二〇年現在、少なくとも一〇億一三〇〇万丁以上の小型武器が存在しています。

「小型武器」とは、兵士一人で携帯、使用が可能な狭義の小型武器（small arms）と、兵士数名で運搬、使用が可能な軽兵器（light weapons）、さらに弾薬・爆発物の三種類があり、これらを総称して広い意味の「小型武器」と呼んでいます（国連小型武器政府専門家パネルの報告書による定義）。

通常兵器の中でも、拳銃、自動小銃などの小型武器は、地雷・クラスター爆弾同様、各国の安全保障に密接に関わるのみならず、人道、開発等のさまざまな分野で大きな影響を与えています。紛争中の国や地域のみならず、紛争が終結した地域においても、非合法な小型武器が蔓延し、子どもを含む一般市民にも無差別に被害を与え、人道支援や復興・開発を妨げるのみならず、新たな紛争の原因ともなっています。

実際、紛争や犯罪において主な武器として使用され、実際に人を殺傷しているのは、小型武器であり、そのため「事実上の大量破壊兵器」とも呼ばれています。地雷や不発弾の除去同様に、非合法の小型武器の回収や廃棄は、治安を安定させ、紛争後の平和構築や国づくりの上でも決定的に重要です。

さて、小型武器をめぐる大きな矛盾の一つは、国際の平和と安定に最大の責務を負う、国連安保理の常任理事国が、これら兵器の供給国でもあるという事実です。「人間の安全保障」概念を登場させた一九九四年のUNDP『人間開発報告書』は、第三章「平和への配当の確保」で、国連の文書としては珍しく、この点を詳細に分析、異議申し立てを行っています。

「開発途上国に通常兵器の八六％を輸出する上位五ヵ国は、旧ソ連、アメリカ、フランス、中国、イギリスで、いずれも安全保障理事会の常任理事国である。これら兵器の三分の二が開発途上の一〇ヵ国向けで、アフガニスタン、インド、パキスタンなど世界の最貧国も含まれている。この一〇ヵ国だけで開発途上国の武器輸入量の三〇％を占める」

残念ながら、こうした現状は、およそ三〇年が経過した現在も、大きくは変わっていないのが実情です。

3 子ども兵

武力紛争における子ども

小型武器の蔓延と密接に関わる深刻な問題として、子ども兵の問題があります。

子ども兵とは、一八歳未満で軍隊もしくは武装グループの一員となって前線での激しい戦闘や後方での支援業務に従事している子どものことです。紛争地では、国家の保有する軍隊に所属する正規兵のみならず、多くの民兵、非正規兵が戦闘に加わっていますが、その多くが子どもたちです。

子ども兵となるのは、自分や家族を守るため自ら志願する場合もありますが、多くは暴力的な誘拐、強制的な徴兵によってです。たとえ誘拐されても、通常であれば必死で家族の元に帰ろうとするのが子どもたちの本能でしょう。しかしこれを防ぐために、誘拐時に銃を突きつけ無理やり自分の母親を殺させるといった残酷な、そして痛ましい方法が取られています。帰りたくても帰る家がない、母親がいない、何より、その母親を殺したのは自分である、そのことを家族や親類、村の人がみな知っている……。もはや帰りたくても帰れない状況です。誘拐後は、拷問や体罰による恐怖、麻薬中毒、飢えによりやせ細り、感情を失い、洗脳されたかのように無表情で暴力的な兵士に仕立てられていきます。麻薬は飲まされる場合もありますが、強制的に顔面などに傷をつけ、その傷口に麻薬を埋め込み縫い合わせる、といった方法も報告されています。麻薬中毒となると、子どもたちは、自らこういう行為をするといわれます。

兵士になるのは少年だけではありません。少年同様に前線で戦う少女兵もいますが、多くの場合、後方での炊事や洗濯を担わされます。また大人の兵士による性暴力の対象となり、幼いうちに子どもを宿すチャイルドマザーとなる少女兵がいます。

一九八九年には国連総会で、「児童の権利に関する条約」が採択され、武力紛争における子どもの保護を図る義務が締約国に課せられました。世界各国で子ども兵に関する課題への取り組みがなされていますが、子ども兵の実態の把握は容易ではありません。

現在二五万人以上の子ども兵が武力紛争に巻き込まれているといわれる一方で、子どもを雇った側が子どもたちの存在を否定しているため、そもそも、子どもの正確な人数が把握できません。加えて、子ども兵は非正規兵であるため、おとりや捨て駒として扱われ、死傷しても、多くはその場に置き去りにされるなど、戦場から戻ることができない子どもたちが大半です。さらに生き延びたとしても、除隊する際には、すでに成年となっている場合が多く、子ども兵であったか否か、外部からは判定しがたいという問題もあります。

米国務省発行の『人身取引報告書２０２０』は、直近の一年間に子どもたちを徴兵し、子ども兵として使用したとして、アフガニスタン、ミャンマー、カメルーン、コンゴ民主共和国、イラン、イラク、リビア、マリ、ナイジェリア、ソマリア、南スーダン、スーダン、シリア、イエメンの一四ヵ国を名指ししました。難民や国内避難民の出身国と大きく重なるこれらの国々ではまた、ナイジェリアのボコハラムはじめ、反政府勢力も子どもたちを戦闘員として多用しています。シエラレオネでは、一九九一年から二〇〇一年の内戦において、反政府勢力である「革命統一戦線(RUF)」の戦闘員の実に八〇%が、七歳から一四歳の子どもであり、多くは誘拐された子どもたちであったとされます。

二〇〇六年まで二〇年以上にわたり、政府軍と反政府武装勢力「神の抵抗軍(LRA)」の戦いが続いたウガンダ北部では、住民に対する襲撃、略奪が横行し、約二〇〇万人が国内避難民となりました。この過程で同様に一万四〇〇〇人を超える子どもたちが誘拐され兵士に仕立てられ、最年少では五歳の兵士がいたといわれます。

子ども兵の増加は、小型武器の蔓延と密接な関連も指摘されます。近代以前、子どもたちは戦力とはみなされなかったのは、道義的理由もさることながら、訓練を積んだ大人でなければ性能的にも大きさの上でも兵器の使用ができなかったのです。しかし、紛争が長期化し、成人した兵士が死傷し圧倒的に兵力が不足したことに加え、子どもでも容易に使用でき、かつ容易に持ち運べる小型武器が先進国から輸入され始めると、身軽で敵に怪しまれにくい子どもたちが、戦闘員の主力として注目を集めるようになったのです。地雷同様小型武器も、その汚染国は兵器の製造国ではありません。すべて持ち込まれた悲劇であり、暴力です。

4　紛争ダイヤモンドと紛争鉱物

小型武器をはじめとする通常兵器を売っているのは、五常任理事国を含む超大国です。しかし、紛争と密接な関係があるのは、これらの国家や、武器を製造して利益を得る企業、紛争地に輸出する武器商人だけではありません。私たち自身も、紛争の「当事者」かもしれません。

ダイヤモンド原石の不正取引と武力紛争

二〇〇七年に米国の人気俳優レオナルド・ディカプリオ（Leonardo DiCaprio）の主演で『ブラッド・ダイヤモンド』（邦題『血のダイヤモンド』）という映画が公開されました。一九九〇年代、内戦下のシエラレオネを舞台に、ディカプリオがダイヤの密輸や武器の横流しをする元傭兵の商人を演じました。子ども兵が含まれる武装グループが村を急襲し、労働力になりそうな男たちを誘拐、ダイヤモンドの採掘場に連行し強制的に働かせます。採掘されたダイヤモンドの原石は、武装勢力の武器購入の代金に充てられます。ダイヤで購入された武器がさらに紛争を長引かせ悪化させる一方で、ダイヤモンドは密輸業者の手で不正に隣国に持ち出され、加工工場を経て宝石市場へ。紛争地帯のものでない他のダイヤとともに、一般に流通していきました。豊かな先進国で、幸せな婚約や結婚の象徴のダイヤモンドの背景に、アフリカでは紛争や人々の苦しみ、子ども兵、強制労働の問題があります。映画は実話ではありませんが、こうした実態をよく反映しています。

『ブラッド・ダイヤモンド』はシエラレオネが舞台ですが、一九九八年以降、アンゴラ内戦においてもダイヤモンド原石の取引が反政府勢力の資金源になりました。これが、「紛争ダイヤモンド」問題として国際社会の関心を引き、国連安全保障理事会でも大きな問題となっています。国際社会の紛争ダイヤモンドについての取り組みは次章で確認します。

紛争鉱物・レアメタル

「ダイヤモンドには関心がない」と思った方は少なくないと思います。しかしそうした人も、スマートフォンやノートPC、タブレット端末などの情報通信機器、液晶テレビなどのデジタル家電は使用しているはずです。ダイヤモンド原石と紛争との関係と同じことが、実は私たちが日々使用する製品でも起きています。これらの製品に使われている超小型コンデンサーの製造に欠かせない希少鉱物がタンタル鉱石ですが、その産出国は、コンゴ民主共和国（DRCコンゴ、旧ザイール）、ルワンダ、ナイジェリア、中国、ブラジルです。冒頭で述べた、とてつもない数の犠牲者を出しているDRCコンゴの内戦ですが、この間タンタル鉱石は、反政府勢力軍と同勢力を支援するルワンダ軍の支配下に置かれました。武力によって農民を強制的に移動させた後、ルワンダの囚人を労働力に採掘を行い、ルワンダ産のタンタルとして国際的に流通しました。また携帯電話やノートPCのみならず、電気自動車（EV）、電動自転車に使われるリチウムイオン電池の製造に不可欠なコバルトも埋蔵量・生産量ともに世界一位が同じくDRCコンゴです。他に豪州、ロシア、キューバが供給国ですが、圧倒的シェアを握るのが同国です。

情報通信分野における需要の拡大により、また地球温暖化対策としてEVの普及により、これらレアメタルの価格が高騰する一方で、資源の配分をめぐって紛争に拍車がかかっています。さらに資源の採掘は、DRCコンゴの子どもたちの児童労働にも支えられています。二〇一八年のノーベル平和賞受賞者・同国のデニス・ムクウェゲ医師（後述）は来日時の講演で「先進国の環境保護や快適さは、私たちの国の人々の命や犠牲の上に成り立っている」と述べていま す。スマホやPCを使用する私たちも、間接的な紛争の「当事者」ということもできます。

5　貧困問題と児童労働

児童労働

日本で暮らす私たちが「当事者」であるのは、紛争状態だけとは限りません。消費者として、紛争はなくとも貧しい国々で、過酷な労働条件の下で働く人々の労働から生み出される商品を安く消費することで、知らないうちにその構造や仕組みを肯定し、加担しているということもできるかもしれません。

日本の食料自給率は四〇％です。多くの農林水産物や加工品を世界中から輸入していますが、途上国の農業や漁業は児童労働によって支えられています。児童労働《チャイルド・レイバー》とは一八歳未満の子どもが子どもらしく健康に育つことを妨げるような働き方、義務教育を妨げる労働や、条約や各国の国内法で禁止されている一八歳未満の危険・有害な労働を指しています。児童労働を考える日本のNGO「ACE《エース》」によれば、現在、世界の子ども（五歳〜一七歳）の一〇人に一人、なんと一億五二〇〇万人もの子どもたちが、児童労働をしています（二〇一七年国際労働機関〔ILO〕発表）。

一日中、暗い部屋で何時間も同じ姿勢のまま、固い革のサッカーボールを縫い続けるインドの女の子。コーヒーやチョコレートの原料のカカオ、ゴム、パーム油などの換金作物を、それがどのようなお菓子になるのか知るすべもなく働き続けるガーナの少年。四〇度近くまで気温が上がる炎天下で一日一五〇円の収入を得るために朝から夕方までトマトの収穫をするニカラグアの少女。トマトに吹き付けられた農薬で手を緑色に変色させながら、バケツに積み込まれたトマトを頭に背負いながら一日に二〇往復もする重労働です。

児童労働は、こうした農薬にまみれつつ重い収穫物を運ぶ農作業、鉱山や採石場、花火工場など危険な場所での労働、換気設備も照明もない作業場での長時間労働、危険な機械を使う工場での長時間労働など多岐にわたります。また、労働に見合った賃金が得られず、借金を返すため奴隷のように働き続けることもあります。先に述べた、子ども兵士も児童労働です。

「一九九九年の最悪の形態の児童労働条約」（ＩＬＯ第一八二号条約）では、特に一八歳未満の子どもの強制労働や債務奴隷、人身売買や子ども兵士、売買春といった犯罪行為など、最も危険で有害な労働を「最悪の形態の児童労働」として、すぐになくすことを求めています。しかし、条約が直ちに守られるわけではなく、今日も児童労働は後を絶ちません。

なぜ貧困は起こるのか

ではなぜ、これほどの児童労働が起きるのでしょうか。最大の原因は貧困、圧倒的な貧しさのゆえです。毎日、家族が生活するのに必要なお金を、親が稼ぐことができない家庭では、子どもが働かざるをえません。親の収入が不安定、親が病気やけがで働けない、失業中である、そもそも親がいないなど理由はさまざまです。貧困がもたらす状態は、本書の序章で述べたとおりです。

では、こうした貧困はどうして起きるのでしょう。生態系の破壊や異常気象による干ばつ、水源の枯渇による水不足、砂漠化、砂嵐、虫害。こうした変化により、途上国の主要産業である農業が大きな打撃を受けています。

またそれらと関係が深い自然災害。自然災害は誰の下にも平等に訪れますが、そのインパクトはより貧しい人に、より弱い人に集中的に、最も大きな影響を与えます。

先進国向けの換金作物の輸出価格は、国際市場により決まります。国の経済が一つの農産物や鉱物に依存するモノカルチャー経済下では、国の経済全体がつねに国際的な価格変動の影響を受け、不安定です。これらの作物や産品を輸出する国際貿易の仕組みは、先進国のために作られ、途上国には圧倒的に不利な仕組みです。情報通信や交通の進化によるグローバル化・グローバリゼーションによって世界中で価格競争が激化し、より安いものを求め、賃金は限りなく低く抑えられます（そのためより安い労働力として子どもたちが使われるのです）。

長引く紛争、働き手を奪い孤児を増やすＨＩＶなどの感染症、一国内での経済格差、都市部・権力者への富の集中、政府の「ガバナンス」の欠如。国際協力分野における「ガバナンス」とは、国家の在り方、統治の仕方を問題にするものです。正統性のある政府が、開発や国民の福祉向上を目指して努力し、効果的、効率的に機能しているか、そのために適切な権力が適切に行使されているか、汚職や腐敗はないか、法による支配が行われているか、人権が保障されているか、などを指しています。同様に砂漠化が深刻な地域であっても、例えば政府が機能している中東のドバイでは、貧富の差はあれ、飢餓は発生していません。飢餓や貧困の原因が異常気象だけではないことの証拠です。

こうした貧困に対して、さまざまな対策が立てられていますが、これについては、次章で確認しましょう。

6　感染症

ＷＨＯ（世界保健機関）は二〇二〇年一月三〇日に、新型コロナウイルス感染症（COVID-19）の感染拡大について、「国際的に懸念される公衆衛生上の緊急事態（ＰＨＥＩＣ：Public Health Emergency of International Concern）」に該当すると宣言しました。二〇〇五年の国際保健規則の改訂以来、ＷＨＯがＰＨＥＩＣに指定したのは新型インフルエンザ（二〇〇九）、野生型ポリオ（二〇一四）、ジカ熱（二〇一六）、エボラ出血熱（二〇一四、二〇一九）の五件、コロナは六件目にあたります。グローバル化が進む現代、感染症は国境を越えるグローバルな課題ですが、コロナ禍も瞬く間に世界を覆い、多くの国で日常生活は一変しました。

感染症とは、直接の接触や、空気、動物、虫、食べ物などを介してウイルスや細菌、寄生虫などの病原体が体内に入って増殖し、せき、発熱、下痢などの症状が出て、最悪の場合には死に至る病気です。感染者や死亡者の増加で、政治が不安定化するとともに、経済活動が低迷、貧困の増大といった悪循環に陥るとともに、孤児の発生、感染者に対する差別といった人権問題など深刻な社会問題にも発展します。感染症の蔓延は、「人間の安全保障」にとっての大きな脅威です。新型コロナウイルスは二〇二〇年現在、予防薬も治療薬も見つかっていませんが、他方で予防薬も治療薬も存在するにもかかわらず、未だに多大な犠牲者を生む感染症がありま す。世界三大感染症といわれるHIV／エイズ、結核、マラリアです。

HIV／エイズ

ヒト免疫不全ウイルス（HIV：Human Immunodeficiency Virus）は、人の免疫細胞に感染して免疫細胞を破壊し、最終的に後天性免疫不全症候群（エイズ：AIDS）を発症させるウイルスです。エイズとはHIVに感染し免疫不全に陥ることにより、通常問題を起こさない弱い病原体までもが体内で活発に活動し、健康を維持できなくなった状態を指します。有効な治療を行わないと二年から二〇年で発症、死に至るといわれます。

一九八一年に最初のエイズ症例が報告されて以来四〇年間で、延べ約七五七〇万人がHIVに感染し、三二七〇万人以上がHIV関連の疾患で死亡、二〇一九年末現在約三八〇〇万人の「HIVとともに生きる人々（People living with HIV）」がいると推計されます。

他方、世界の新たなHIV感染者は一九九九年の三一〇万人をピークに、二〇一九年には一七〇万人に、エイズに関連する死亡者数も最も多かった二〇〇四年の一七〇万人から六九万人へと大幅に減少しています。これは、特に低・中所得国でエイズ治療薬・抗ウイルス薬を組み合わせて治療する抗レトロウイルス療法（ART）が普及したことによるものです。二〇一九年現在、二五四〇万人、全HIV陽性者の約七〇％が抗HIV治療にアクセスできていますが、約三人に一人は治療が受けられず、また治療を半年間中断すると五〇万人以上が死亡し、母子感染予防のためのサービスを中断すると感染する子どもの数が激増する、という予測データもあり継続的かつ安定的な治療が必須です（二〇二〇年UNAIDS統計による）。

では日本はどうでしょうか。厚生労働省エイズ動向委員会によると、二〇二〇年六月末現在の報告数の累計はHIV感染者二万二〇八六（うち外国籍三五六四）件、エイズ患者九八〇〇（同一四五四）件です。

二〇一九年の年間報告件数は新規HIV感染者九〇三件（過去二〇年間で一四番目）、新規エイズ患者三三三件（同一七番目）、両者を合計した新規報告件数は一二三六件（同一四番目）です。これまでの新規報告数のピークは、HIV感染者が二〇〇八年の一一二六件、エイズ患者は二〇一三年の四八四件、両者の合計は二〇一三年の一五九〇件で、以後は横ばいからやや減少傾向にあります。二〇一九年の年代別新規HIV感染者は三〇～五〇代が多く、感染経路は、同性間性的接触：六五一件（全HIV感染者報告数の約七二％）、異性間性的接触：一三六件（同約一五％）、静脈内注射薬物：二件、母子感染：〇件です。

結核

結核は、結核菌に感染することで発症し、せき・たん・微熱などの症状がみられ、適切な治療が施されないと二〜五年以内に死に至ります。日本でも昭和一〇年から二五年まで死因の第一位を占め、「国民病」「亡国病」ともいわれた感染症です。結核患者の九五％は途上国に集中、安価な治療法が存在するにもかかわらず、二〇一八年の年間発病者数は約一〇〇〇万人、死亡者数は約一五〇万人に上ります（二〇一九年WHO世界結核対策報告書）。さらに、一九九〇年以降は、HIV感染者が結核菌に感染すると、非HIV感染者よりも致死率が数倍高いとの結果が出ており、結核対策とHIV／エイズ対策を同時に行うことが重要となっています。

日本では、結核罹患率の減少傾向は続いているものの、いまだに年間一万人以上の結核患者が発生しています（二〇一九年厚生労働省統計）。新登録結核患者数は、一万四四六〇人、二〇一九年の罹患率（人口一〇万人当たり新登録結核患者数）は一一・一人で、先進国（二〇一八年統計）の間では、米国（三・〇人）の三・七倍、カナダ（五・六人）の二倍、フランス（八・九人）の一・二倍です。近年まで日本は、結核の蔓延国と言われてきましたが、徐々に欧米先進国の水準に近付きつつあります。また、外国籍結核患者の占める割合は全体では一〇・七％ですが、二〇歳代の新登録結核患者の外国籍結核患者割合は七三％に達しています。五〜九歳児も五五・六％という高い水準です。本章の移民の項で紹介した、IOMの警告と同様のことが起きているのです。

マラリア

マラリアは、ハマダラ蚊という種類の蚊に刺されることによってマラリア原虫が体内に侵入してかかる病気です。ヒトが感染するマラリアには、五種類（熱帯熱、三日熱、卵形、四日熱、サルマラリア）がありますが、短期間のうちに重症化し高熱を伴うのが熱帯熱マラリアです。発症後早期（二四時間以内）に治療を開始しないと、血中のマラリア原虫が急激に増加し、脳性マラリア、急性腎不全はじめ、さまざまな合併症を引き起こし死に至ることも稀ではありません。アフリカで難民支援にあたっていた筆者の同僚二人も脳性マラリアから多臓器不全の状態となり、亡くなっています。

マラリアは世界中の熱帯・亜熱帯地域で流行しており、二〇一八年には、推定二億二八〇〇万人がマラリアに感染、四〇万五〇〇〇人が死亡しています。

マラリア汚染地への渡航者は、予防薬を服用するほか、蚊帳をつる、蚊の多い早朝、夜間は肌を露出せず、白など明るい色の、ゆったりした長袖長ズボンを着用する、といったハマダラ蚊に刺されないための注意が必要です。マラリアが発症するまでの潜伏期間は、通常一〜四週間ですが、まれに数ヵ月〜一年以上のこともあります。マラリア汚染地に渡航した人は帰国後も、体調の変化に留意し、積極的に医師にマラリア汚染地に渡航経験があることを伝えることが肝要です。初期は風邪様の症状を示すため、風邪や過労と誤解して、あるいは医療機関を訪れても、医療者側に熱帯病の知識がなく、診断の遅れから治療が開始されるまでに手遅れになるといった事例も毎年のように起きています。

7 ジェンダーに基づく暴力

ジェンダーとは、身体的あるいは生物学的な性別を示すセックス（sex）に対して、「社会的・文化的な性のありよう」を指す言葉です。紛争地でも、多くの途上国でも、このジェンダーに関連した暴力が頻発しています。女性に対する暴力、あるいは性暴力は、平時と紛争時、先進国と途上国とを問わず、あらゆる文化のあらゆる社会集団に生じる普遍的な問題です。ここでは、紛争下の性暴力、「名誉の殺人」、インドの「ダウリー死」と女性器切除（FGM）について触れていきます。

紛争下の性暴力

私は二人の赤ん坊の母でした。夫は死に、私以外に誰も赤ん坊の面倒を見る者はいませんでした。まだ二人の赤ん坊が寝ている、ある寒い日の早朝、いつものように私は家に鍵をかけ、朝食のパンを買う長い列に並ぶために出かけました。突然、軍用ジープが止まり、二人の男が私を中に引きずり込みました。私は狂った女のように叫びましたが、まだあたりは暗く誰もいませんでした。私はその後気絶したと思います。目を覚ますと、銃をもったたくさんの男に囲まれていました。私は汚いマットレスの上に寝かされていました。男たちは次から次に私を強姦しました。私はずっと私の二人の赤ん坊のことを考えつづけていました。何日間そこに閉じ込められていたのか分かりません。何日も何日も同じことが続きました。でも私の頭の中は二人の赤ん坊のことを考えるだけで忙しかったのです。何日そこにいたか思い出せません。ある晩、彼らが私を通りに捨てた時、私は立つことができませんでした。私はゆっくりと這って家の方に向かいました。二人の赤ん坊は死んで凍っていました。飢えて死んだのか、寒さで死んだのか私には分かりません。

（パルワン県から逃げてきたアフガン女性の話）

山本芳幸『カブール・ノート――戦争しか知らない子どもたち』

武力紛争中、本来は、攻撃の対象とはならないはずの文民も、性別を問わずさまざまな暴力の対象になります。男性兵士から男性に対する性暴力も報告されています。しかし、特に女性と少女は、ジェンダーに基づく暴力・虐待、組織的なレイプの被害にさらされています。戦時下、紛争下での女性に対する暴力は、女性から人間性、人格を奪うのみならず、敵対勢力への見せしめとして、政府軍、反政府軍双方から、しばしば紛争の手段として利用されます。

日中戦争初期の南京大虐殺（一九三七年）とその後の日中戦争の過程で起きた性暴力、慰安婦の問題は、現在でも、被害者に大きな傷を残し、政治的な解決さえみられていません。一九七五年から一九九九年までインドネシアの占領下にあった東ティモールでは、インドネシア軍による強姦が恒常的に行われていたとされます。

一九九六年まで三〇年以上に及ぶ長い内戦が続いた中米グアテマラでは、民族浄化の名の下に、虐殺、拷問、誘拐が繰り返され、二〇万人を超える死者・行方不明者を出し、その大半が先住民族マヤの人々でした。こうした虐殺に先立って、女性と少女に対する強姦が行われていたことが明らかになっています。一九九一年から九五年まで続いた旧ユーゴ紛争。ボスニア紛争がもっとも多くの被害を出しましたが、ここでも性暴力は民族浄化の一環として、すべての勢力により行われました。スーダンのダルフールでは、数万という女性や少女が性的暴力を受けていますが、誰一人としてその罪で裁かれていません。コートジボワールの最近の紛争でも、多くの女性が武装集団に強姦され、あるいは誘拐されて兵士の性奴隷として扱われています。紛争鉱物の項で触れたDRCコンゴでは、性暴力は同国の豊かな鉱物資源を支配する目的で、政府・反政府双方の兵士によって行使されています。

また、近年では、武装勢力のみならず、援助関係者やPKO要員による受益者への性的虐待も問題化しています（二〇〇二年西アフリカで発生した援助関係者による受益者に対する性的搾取事件など）。深刻な問題となっているのは、主にPKO要員による虐待ですが、同時に国連やNGO職員による虐待も明らかになり、注視されています。援助関係者や国連PKO兵士が食糧などの援助と引き換えに、避難民キャンプなど支援地で搾取・虐待を行うといった例が報告されているからです。背景としては、ＰＫＯ要員は現地では裁かれないという免除特権などの司法的要因、あるいは、破綻国家や紛争下で、現地の司法システム自体が確立していない等が指摘されています。

「名誉の殺人」

女性が暴力の対象となるのは、紛争時のみとは限りません。年間五〇〇〇人以上の少女が家族の手で殺されているといわれます。衝撃的な数字ですが、ではなぜ、少女が家族の手で殺されなければならないのでしょうか。女性が日々奴隷のように働き、男性に絶対的に服従しなければならない地域では、時に男性と視線を交わしただけで、「娼婦」と同一視されることがあります。結婚前の恋愛・性交渉は、許されざる行為で、家族の恥であり、家の名誉を汚した娘は、死をもって償わなければならないとされます。家族は、素行の悪い（あるいは悪いと疑いをかけられた）娘を自分たちの手で殺害することで汚名を晴らすのですが、手を下した男性は、「英雄」とみなされ、賞賛されることはあっても、殺人者として非難されることも告発されることもありません。撲殺、首を絞める、火をつける、といった残虐な行為が家族の手で、トルコをはじめとした中東、パキスタン、アフガニスタンやインドで行われています。

衝撃的な自伝『生きながら火に焼かれて』の著者スアドさんは、ヨルダン川西岸の小さな村で、学校にも通わず、厳しい父親にむちで打たれながら、牛や羊、山羊の世話、オリーブやイチジクの収穫などに明け暮れて育ちました。しかし、一七歳の時、恋をして婚姻前に男性に体を許し妊娠するという「破廉恥な行為」で家の名誉を汚したため、義理の兄に生きながら火あぶりにされたのです。火あぶりとその執行者は事前に家族会議で決められていました。

「名誉の殺人」(honour killings) はきわめて表に出にくい犯罪です。記事や、統計は氷山の一角にすぎません。スアドさんのような生き延びられる生存者がきわめてまれなこと、またたとえ生き延びたとしても、実名で事件を公表すれば、再び家族に命を狙われる危険があり、被害者は、身を守るためにもあえて人前に出ようとはしないのです。

筆者も、知人の友人のパキスタン人弁護士が、依頼人女性の離婚の相談に乗っていたところ、突然乱入した男によって、依頼人女性が目の前で射殺された、というショッキングな話を聞いたことがあります。信じがたいことに、この銃撃犯を雇ったのは、離婚を申し立てられた夫やその家族ではなく、女性自身の家族でした。

近年のSNSの世界規模での普及は「名誉の殺人」にも大きな影響を与えています。パキスタンでは、二〇一六年に自撮り写真の公開によりSNSのスターといわれていたカンディール・バローチさんが、「家族の名誉のために」実の兄によって殺害され、大きなニュースとなりました。また同じくパキスタンで男性と一緒に映っている写真や動画をSNSで公開された一〇代の少女たちが、家族や親族に殺害される事件も発生しています。こうした事件の反響は大きく社会的な課題と認識されていますが、現在でも「名誉の殺人」は発生し続けています。

ダウリー死

インドでは、多くの女性たちが夫や夫の家族によって殺害されています。「ダウリー死」と呼ばれるものです。

NPO法人ヒューマンライツ・ナウによれば、ダウリー（dowry）とは花嫁が結婚の際に持参する財産です。インドでは、ダウリーの授受は「ダウリー禁止法（一九六一年）」により法的に禁じられてはいるものの、実効性に乏しく、現在でも、ダウリーの額に不満がある場合、花嫁を虐待する、最悪の場合は、灯油をかけて焼き殺すという、ダウリーに関連した殺人が発生しています。インド内務省の犯罪記録局の統計によれば、二〇一八年一年間で報告されたダウリー死は、七一六六件（二〇一七年七四六六件、二〇一六年七六二一件）、二〇一〇年の八三九一件よりは減少していますが、非常に高い数字です。

また殺人として統計には載りませんが、虐待のため、花嫁が自ら命を断つなど自殺に至るケースも多いといいます。また、実際には殺人であっても自殺として処理されるケースも多く、上記の数字は氷山の一角といわれています。

いずれの統計も、女性の司法に対するアクセスが限定され、そもそも法に対する知識がきわめて乏しい地域のものです。一体世界でどれくらいの女性がこうした被害に遭っているのか。

恐ろしい限りですがいずれも平時における人権侵害です。

FGM

FGMとはFemale Genital Mutilation（女性性器切除）の頭文字を取った略語です。女性外性器の一部、あるいはすべてを切除し、時には切除後、尿や月経血用に小さな穴だけを残し、外性器を縫い合わせてしまう慣習のことです。アフリカ（西部、東部および北東部）を中心に、アジアや中近東において、処女性や夫への貞節の確保、性欲の抑制、性的自由の剝奪、結婚の条件、村八分を回避するといった理由で、さまざまな民族の伝統的な通過儀礼として、二〇〇〇年以上も続いているといわれています。実施されている国々では九〇%以上の女性がFGMを受けています。こうした地方の出身者が移住した欧州をはじめとする諸外国でも移住者の間で実施されています。麻酔もなく行われるため、施術時の激しい苦痛はもちろん、感染症、切除後の癒着などにより多くの障害と痛みが、術後、そして生涯にわたり継続します。FGMを受けた女性の場合、出産時の苦痛や危険は受けていない女性に比べて圧倒的に高く、高い新生児の死亡率につながっています。

UNICEFによれば、世界約三〇カ国で少なくとも約二億人の女児や女性がFGMを受けた状態で生活しています。FGMの対象になるのは乳幼児から一五歳までの少女ですが、国連人口基金は、二〇二〇年の一年間で、およそ四一〇万人の少女がFGMの危機にさらされていると推測しています。

FGMは、「女子割礼」とも呼ばれていましたが、また現在もそう呼ぶ文献もあります。しかし、アフリカのNGOや政府、国連機関のFGM廃絶の取り組みの中で、「女子割礼」では男子割礼と同一視され、FGMの実態や女性の心身に与える被害を見えがたくするという理由で、アフリカの女性たち自身が「女子割礼ではなく女性性器切除（FGM）という言葉を使う」ことを「インター・アフリカン・コミッティ〔IAC〕」の一九九〇年総会で決議しています。

FGMの内容は地域や民族によって異なりますが、FGMはいうまでもなく人権問題です。

8 自然災害と気候変動・気候危機

ティッピング・ポイント

地震、津波、洪水・土砂災害、干ばつなど長年の開発の営みや人々の生活を一挙に破壊するような災害が先進国、途上国を問わず世界各地で頻発しています。自然災害は全ての人に甚大な影響を及ぼしますが、多くの場合こうした危険に最もさらされ被害を受けるのは、低所得国の貧困層、女性や子ども、障がい者、高齢者といった脆弱な人々、そして紛争下にある人々です。これらの人々の住居は耐震性、耐久性が低く、かつ低地に位置していることが多いため、地震や暴風雨の被害をまともに受け、また干ばつが発生すれば食糧価格の高騰で生活に多大な打撃を受けます。災害により、既存の社会・経済的格差がさらに広まり、脆弱な人々が社会から取り残され、社会不安や紛争の増加にもつながります。こうした自然災害と密接な関係をもつのが、気候変動です。

環境省による『環境白書』二〇二〇年版では、現在の気候変動をとらえて「ティッピング・ポイント(tipping point)」という言葉を紹介しています。これは、少しずつの、小さな変化が蓄積し、急激な変化を起こす転換点のことです。地球環境においても、人為起源の変化が一定のレベルを超えると、気候システムに、もはや後戻りできない大規模な変化、劇的変化を生じさせる可能性が指摘されています。グリーンランドや南極の氷床の不安定化がその例です。

深刻な環境問題として挙げられるのが、地球温暖化などの気候変動、海洋プラスチックごみ、そして生物多様性の損失といった問題です。気候変動は、今や「変動」を通り越して、人類や生物の生存基盤を揺るがす「気候危機」とも呼ばれ、その危機感は世界規模で広がっています。世界各地を異常気象や激甚化した気象災害、大規模森林火災、バッタの異常発生が襲い、世界の平均気温は二〇一七年時点で工業化以前と比較して約一度上昇しました。一見わずかな上昇のように見えますが近年の気象災害の激甚化は地球温暖化が一因といわれます。

海洋プラスチックごみは、私たちの生活から排出されたごみの不適正な管理によって発生しています。その量はきわめて膨大で、世界全体で毎年八百万トンが海洋に流出しているとの報告もあります。このままでは、二〇五〇年には海洋中のプラスチックごみの重量が魚の重量を超えるという恐ろしい試算もあります。

生物多様性の損失も深刻です。「生物多様性及び生態系サービスに関する政府間科学政策プラットフォーム(IPBES)」の報告書によれば、一九七〇年以降、世界の貿易規模や消費量、人口規模の増大と都市化の影響で、地球の陸域の七五%が改変され、湿地の八五%が失われたといいます。生物多様性は、私たちの呼吸に必要な酸素、安全な飲み水や食料の確保に欠かせません。私たちの生命の存立の基盤が揺らいでいるのです。

第6章「人間の安全保障」領域に対する取り組み

これまで多様な「人間の安全保障」に関わる課題をみてきました。こうした課題は、今この瞬間も、多くの人々を苦しめていますが、その解決のためにさまざまな取り組みがなされています。そもそも、この「人間の安全保障」という考え方の登場も、こうした取り組みの一例です。本章では、「人間の安全保障」に対する取り組みとしてあるものではなくとも、人間の安全保障に関連する領域に、国際社会が、これまでどのように取り組んできたのか、その現状と課題を概観したいと思います。

1　SDGsと国際社会による取り組み・支援

貧困、乳幼児の死亡、HIV／エイズやマラリアなどの蔓延、ジェンダーの著しい不平等などの解決には、それぞれ地道な取り組みが必要ですが、国際社会には、これらの主要な問題の解決を二一世紀の国際社会共通の目標としてまとめたものがあります。今世紀初頭に掲げられたミレニアム開発目標（MDGs：Millennium Development Goals）とSDGsです。

ミレニアム（千年紀）イヤーと呼ばれた二〇〇〇年九月、ニューヨークの国連本部では、一四七人の国家元首を含む一八九の国連加盟国代表が参加し、国連ミレニアム・サミットが開催されました。ここで二一世紀の国際社会の目標として、より安全で豊かな世界づくりへの協力を約束する「国連ミレニアム宣言」が採択されました。この宣言と一九九〇年代に採択された主要な国際開発目標を統合したものが「ミレニアム開発目標」（MDGs）です。MDGsは国際社会の支援を必要とする課題に対して、二〇一五年までに達成するという期限を設け、以下の八つの目標に対し、二一のターゲット、進捗状況を測定するための六〇の指標を掲げました。八つの目標とは、（1）極度の貧困と飢餓の撲滅、（2）普遍的な初等教育の達成、（3）ジェンダー平等の推進と女性の地位向上、（4）乳幼児死亡率の削減、（5）妊産婦の健康状態の改善、（6）HIV／エイズ、マラリア、その他の疾病の蔓延防止、（7）環境の持続可能性の確保、(8) 開発のためのグローバルなパートナーシップの推進です。

ミレニアム開発目標からSDGsへ

二〇一五年の達成期限を前に、MDGsはすべての項目で一定の改善が見られた一方で、指標ごとに、あるいは地域や国ごとに成果は一様ではなく、課題も浮き彫りになりました。ポストMDGsに向けてさらなる努力が必要であることが確認される中、二〇一五年の九月二五―二七日、ニューヨークの国連本部において、一五〇を超える国連加盟国の首脳が参加し、「国連持続可能な開発サミット」が開催されました。その成果文書として全加盟国によって採択されたのが、二〇三〇年を達成期限とした「我々の世界を変革する：持続可能な開発のための2030アジェンダ」です。このアジェンダは、人間、地球及び繁栄のための行動計画として、「誰一人取り残さない（Leave No One Behind）」を標語として、一七の目標と一六九のターゲットを掲げました。これがMDGsの後継である「持続可能な開発目標（Sustainable Development Goals：SDGs）」です。

「2030アジェンダ」SDGs

SDGsはMDGsが達成できなかった事業に取り組む一方で、MDGsに比べ、環境により大きな力が注がれ、経済・社会・環境という三つの側面における持続可能な開発をバランス

目標９．強靭（レジリエント）なインフラ構築、包摂的かつ持続可能な産業化の促進及びイノベーションの推進を図る
目標10．各国内および各国間の不平等を是正する
目標11．包摂的で安全かつ強靭（レジリエント）で持続可能な都市および人間居住を実現する
目標12．持続可能な生産消費形態を確保する
目標13．気候変動及びその影響を軽減するための緊急対策を講じる
目標14．持続可能な開発のために海洋・海洋資源を保全し、持続可能な形で利用する
目標15．陸域生態系の保護、回復、持続可能な利用の推進、持続可能な森林の経営、砂漠化への対処、並びに土地の劣化の阻止・回復及び生物多様性の損失を阻止する
目標16．持続可能な開発のための平和で包摂的な社会を促進し、すべての人々に司法へのアクセスを提供し、あらゆるレベルにおいて効果的で説明責任のある包摂的な制度を構築する
目標17．持続可能な開発のための実施手段を強化し、グローバル・パートナーシップを活性化する

国連 SDGs サイト
https://www.un.org/sustainabledevelopment/

The content of this publication has not been approved by the United Nations and does not reflect the views of the United Nations or its officials or Member States.

持続可能な開発目標（SDGs）

目標1．あらゆる場所のあらゆる形態の貧困を終わらせる
目標2．飢餓を終わらせ、食糧安全保障および栄養改善を実現し、持続可能な農業を促進する
目標3．あらゆる年齢のすべての人々の健康的な生活を確保し、福祉を促進する
目標4．すべての人々に包摂的かつ公正な質の高い教育を確保し生涯学習の機会を促進する
目標5．ジェンダー平等を達成し、すべての女性および女児の能力強化を行う
目標6．すべての人々の水と衛生の利用可能性と持続可能な管理を確保する
目標7．すべての人々の、安価かつ信頼できる持続可能な近代的エネルギーへのアクセスを確保する
目標8．包摂的かつ持続可能な経済成長及びすべての人々の完全かつ生産的雇用と働きがいのある人間らしい雇用（ディーセント・ワーク）を促進する

の取れた、統合された方法で達成することを目指しています。さらに、国連の活動の三つの柱（平和と安全、人権）と持続可能な開発の目標を単一のアジェンダに統合するという、この種の合意では初の試みです。経済や社会の問題に個別に焦点を合わせてきた従来の開発アプローチからの大きなパラダイムシフトを反映しているといいます。

この、密接に関連した目標を包括的に統合する手法は、「人間の安全保障」概念のアプローチそのものです。ＳＤＧｓの基礎には「人間の安全保障」概念が息づいています。

政治的意思とSDGs

既述のとおり、ＳＤＧｓはＭＤＧｓの後継として生まれました。道半ばでＳＤＧｓに後を託したとはいえ、ＭＤＧｓには重要な功績があります。それは、国連の表現を借りるなら、「目標にそった介入、健全な戦略、適切な資源、そして政治的意思があれば、たとえもっとも貧しい国でも劇的かつ未曽有の進歩を達成できることを証明した」点にあります。とりわけここで強調したいのは、「政治的意思 political will」です。

日本政府も、ＳＤＧｓの採択以降、総理大臣を本部長とし、全閣僚を構成員とする「ＳＤＧｓ推進本部」を立ち上げ、ＳＤＧｓ推進の方向性を定めた「ＳＤＧｓ実施方針」や具体的施策をとりまとめた「ＳＤＧｓアクションプラン」の策定などを通じ、ＳＤＧｓ達成のための取り組みを国内外で精力的に行っています。目標達成のために政治的意思が発揮できるのは政府のみではありません。都道府県や、市町村といった自治体、企業、団体、大学などすべての組織体です。

貧困対策

・農村開発

世界の貧困層の四分の三が暮らすといわれる農村部の開発は、「人間の安全保障」の重要な課題の一つであり、国際協力、開発援助の重要な柱です。農村から流出する貧困層は、都市部でスラム人口になるなど、都市部の貧困問題とも密接につながっています。国連、各国政府、NGOなどさまざまな取り組みがなされています。

・マイクロクレジット（小規模融資）／グラミン銀行とBRAC

銀行などの金融機関は、担保のない貧困層にはお金を貸してくれません。営利企業である銀行は、慈善団体ではなく、貸し倒れがないよう必ず担保を要求するからです。こうした市場社会の常識をくつがえしたのが、一九八三年に設立されたバングラデシュのグラミン銀行です。「グラミン（Grameen）」とはベンガル語で「農村」のこと。グラミン銀行のすべての活動が農村を中心に行われていることをよく表しています。二〇二〇年六月現在、借り手（ボロワー）の総数は、九三一万人、その九七％が女性です。貸付残高は、一五八六億タカ（一八億六八〇〇万ドル）、預金総額は貸付残高の一四七％にもなります。グラミン銀行の株式自体を、メンバーであるボロワーが所有するなど画期的です。

さて、グラミン銀行は、あくまでも「銀行」です。これに対し、NGOとしてマイクロクレジットを行う組織もあります。同じくバングラデシュのBRAC（Bangladesh Rural Advancement Committee）は一九七二年に設立された、世界最大の開発NGOで、二〇一九年度の年間収入は一〇億七〇〇〇万米ドル（八九八億タカ）、支出は八億五〇〇〇万米ドル（七一七億タカ）に上ります。社会開発、社会的企業、投資や教育を結び付けた、包括的かつ統合的アプローチが特徴で、貧困層向けのマイクロファイナンスが収入の六三％、支出の五五％を占めています。社会開発事業として、このほか、公衆衛生、保健医療、ノンフォーマル教育、職業訓練などを展開、社会的企業として、衣類や手工芸品や生活雑貨を幅広く扱うショップチェーン「アーロン（Aarong）」のほか、農業、食料、衛生、家畜、環境分野で一〇を超える企業群を有しています。教育分野では、七学部を有するBRAC大学を運営、投資部門では、銀行（BRAC Bank）、通信（BRACNet）、不動産融資、保険会社の株式を所有しています。かつては世界の最貧国ともいわれたバングラデシュでは国民の「人間の安全保障」を保障しているとはいえない政府に代わり、グラミン銀行やこのBRACがその主たる担い手となっています。また、BRACはバングラデシュでの豊富な経験を生かし、アジア、アフリカ、中米の九ヵ国（アフガニスタン、パキスタン、スリランカ、南スーダン、ウガンダ、タンザニア、シエラレオネ、リベリア、ハイチ)で活動を展開しています。豊かな北の先進国から貧しい南の途上国へという従来の国際協力の図式をくつがえす、いわゆる「南南協力」のモデルともいえます。

難民・国内避難民への支援

紛争や災害などで、また近年は気候変動や環境破壊により、難民・国内避難民が発生すると、UNHCRなどの国連機関、赤十字国際委員会(ICRC)などの赤十字組織、NGOなどからなる人道機関が、緊急人道支援を開始します。「人道支援」とは、復興支援、開発支援などと対比される国際協力の用語で、本来、人道機関が、人道・公平・中立という人道の原則にのっとり、紛争や自然災害下の緊急事態に際し、被災者の保護と、生命の維持を目的に行う支援活動を指しています。支援内容としては、給水、衛生、医療・保健サービス、食糧援助、栄養、シェルター(テントの配布や仮設住宅の建設)、難民キャンプの運営、ノン・フード・アイテム(NFI)と総称される衣料・寝具・家庭用品など食糧以外の物資の配布などがそれです。

こうした支援が行われるのは、多くの場合、難民や国内避難民が滞在する難民キャンプや施設、あるいは難民居住区と呼ばれる特別な地域です。しかし、これらの地域は、隣国の紛争や難民の大量流入で、すでに社会的・経済的に壊滅的な打撃を受け、疲弊し、脆弱な状態にある場合が多く、難民キャンプに対する国際社会からの支援が、最低限の衣食住を支える程度のものであったとしても、満足に水源も、食糧もない地域であれば、周辺住民と難民との間で、生活水準の逆転現象が発生する場合もあります。難民の流入とともに、難民に対する支援が、地域の不安定化や紛争の拡大を誘発しかねません。そこで、支援活動に地域開発の視点を取り入れ、可能で適当な場合には、難民と現地住民双方を対象に、両者のニーズを考慮に入れた支援も行われています。

こうした緊急支援が、情勢次第で数ヵ月から、数年、あるいは一〇年単位で続き、緊急事態を脱した後、あるいは並行して模索されるのが、恒久的な解決策です。緊急人道支援は人々の生命や生活を維持し、地域の安定化に寄与することはあっても、援助そのものが、問題の根本的な解決策につながるものではないからです。

難民グローバル・コンパクト

UNHCRが、難民・国内避難民問題の恒久的解決策として伝統的に掲げてきたのが、(1)自主的な帰還(voluntary repatriation)、(2)第三国への定住(resettlement)、(3)一次庇護国への統合(local integration)という三つの選択肢です。

しかしながら、近年の紛争の長期化と新たな危機の頻発、これと反比例するような恒久的解決策の行き詰まりから二〇一八年一二月、国連総会で採択されたのが、国際社会の責任の分担・共有(responsibility sharing)という考え方を基礎とする難民問題に対処する国際的な行動計画「難民グローバル・コンパクト(Global Compact on Refugees:GCR)」です。世界各地で難民が増え続ける一方で、難民を受け入れ、支援する国の数は減少、難民の六割をわずか一〇ヵ国で受け入れているという現実を前に採択されたものです。法的拘束力はないものの、世界が一体となって難民保護を促進するための、多様なステークホルダーのための国際的な取り決めです。このGCR採択の先駆けとなったのが、UNHCRが実践してきた「包括的難民支援枠組み（Comprehensive Refugee Response Framework：CRRF）」というアプローチで、（1）多様なステークホルダーのかかわり、（2）革新的な人道支援～民間セクターとの連携、多様な投資形態、（3）包括的なアプローチ～人道支援と開発援助の連携、（4）長期的な解決策の計画：出身国・受け入れ国・第三国の責任と国際社会による支援の四点が主眼です。このアプローチをもとにGCRが提示した重要ポイントが、難民受け入れ国の負担軽減、難民の自立支援、第三国定住の拡大、安全かつ尊厳ある帰還に向けた環境整備の四点です。

こうした努力がなされる中、二〇一〇年代、三九〇万人の難民が帰還しました（約四分の一がアフガニスタン難民）。二〇二〇年代は、南スーダンやシリアの難民の帰還がどこまで進むでしょうか。同じく二〇一〇年代、約一〇〇万人の難民が第三国定住を果たしました。受け入れたのは三五ヵ国ですが、トップ三は、米国（五五％、五七・五万人）、カナダ（二〇％、二一万人）、豪州（一一％、一一・四万人）です。

日本も「国際貢献及び人道支援の観点から、アジア地域で発生している難民問題に対処するため」（外務省）として、閣議了解に基づき二〇一〇年以降、タイおよびマレーシアに滞在するミャンマー難民を第三国定住により受け入れています。当初はパイロットケースとして実験的にですが、二〇一九年までの受け入れ総数は、一九四人にとどまっています。二〇二〇年度からは、アジア地域に滞在する難民を対象として年一、二回、約六〇人の範囲内で受け入れる予定です。（日本の難民受け入れについては第10章を参照）

子どもたちのケア

多感な時代を、教育を受けることもできず、暴力と殺人と拷問と飢えと恐怖の中に置かれた子どもたちの社会復帰の難しさは私たちの想像を絶するものがあります。国連児童基金（UNICEF）やNGOが、社会復帰・家族との再会支援、職業訓練、識字教育、心のケアなど多岐にわたるプログラムや、元子ども兵に差別や偏見をもつ地域社会に啓発活動などを行っています。しかし、こうした支援にたどりつける子どもたちは少数です。多くはそうした支援の存在さえ知らずにストリート・チルドレンになったり、再び紛争地に戻ったり、貧困の中に沈んでいきます。チャイルドマザーとなった元少女兵に対する地域社会からの差別や偏見も激しく、女性に対する暴力、HIVなどさまざまな問題を抱えています。

紛争ダイヤモンド対策

国連安保理では、一九九八年から二〇〇一年にかけてダイヤモンド原石の不正取引が国際の平和と安全に対する脅威となっているとして、五本の経済制裁決議を採択、二〇〇〇年五月には、南アフリカのキンバリーにおいて、ダイヤモンド原石の取引規制の検討を目的とする会合が開催されます。以降「キンバリー・プロセス」と呼ばれるこの会合には、政府関係者や業界団体のみならず、NGOが幅広く参加し、約二年にわたる設立交渉を経て二〇〇三年一月、紛争ダイヤモンドを規制するための国際的枠組み「キンバリー・プロセス証明制度」（KPCS）が発足します。現在では、不正取引された紛争ダイヤモンドではないことを証明する「キンバリー・プロセス証明書」が添付されていないダイヤモンド原石の輸出入が禁止されています。

紛争ダイヤモンドの抑制に一定の成果を挙げる同制度ですが、課題も指摘されます。制度が紛争の抑制を主眼としているため、ダイヤモンドが抱える児童労働など他の課題に関与しないこと、紛争ダイヤモンドの定義が反政府軍の活動と、原石に限定されているため、政府軍の行動やカット・研磨済のダイヤは規制の対象外であること、制度の運用が加盟国の自主性に任され、強制力も罰則もなく、実効性に乏しい点です。そのため、これに代わる制度を求める声もでています。

FGMへの取り組み

二月六日は女性器切除（FGM）の根絶のための国際デーです。FGMは、文化や伝統に根ざした二〇〇〇年以上続く慣習であるという考え方に対して、「FGMは女性への暴力、健康破壊、人権侵害、女児への悪習である」という認識が、ここ数十年国際会議などを通じて認識され大きな変化も出ています。一九九三年一二月国連総会で採択された「女性に対するあらゆる暴力の撤廃に関する宣言」の中で、FGMは女性に対する暴力であり人権侵害であると公式に認められたのを皮切りに、世界女性会議はじめ、二〇〇〇年代を通して、国際的な枠組みの中でFGMは重要事項として扱われてきました。二〇一二年一二月には、国連総会において、女性器切除は人権侵害であるとして、FGMを禁止する決議が採択され、SDGsにおいても、目標5「ジェンダー平等を実現しよう」を達成するための九つのターゲットの一つとしてFGMの廃絶が取り上げられています(5.3:未成年者の結婚、早期結婚、強制結婚及び女性器切除などあらゆる有害な慣行を撤廃する)。また一九八四年設立の「インター・アフリカン・コミッティ(IAC)―女性と子どもの健康に影響を与える慣習に取り組むアフリカ委員会―」はじめNGOの活動も活発です。こうした動きに呼応するかのようにFGMの慣習があるアフリカの二八ヵ国中、二六ヵ国でFGMが法的に禁止され、また欧州でもFGMを理由とする難民申請を認めています。しかし国により地域により実効性に隔たりがあり、廃絶への取り組みは未だ途上です。

感染症対策

三大感染症対策に近年多大な貢献をしてきたのが、二〇〇二年にジュネーブで設立された

「世界エイズ・結核・マラリア対策基金」、通称「世界基金（Global Fund）」です。各国の政府や「ビル&メリンダ・ゲイツ財団」などの民間財団、企業など国際社会から大規模な資金を調達し、途上国が行う三疾患の予防、治療、感染者支援に資金を提供しています。「人間の安全保障」の課題に対する官民共同の国際的取り組みのモデルともいえます。なおコロナ禍の医療サービスの中止により、サハラ以南のアフリカでは、マラリアによる死者が倍増するという予測もあり、予断を許しません。SDGsでは、目標3「すべての人に健康と福祉を」のなかに「2030年までに、エイズ、結核、マラリア及び顧みられない熱帯病といった伝染病を根絶するとともに肝炎、水系感染症及びその他の感染症に対処する」というターゲットがあります（3．3）。

社会的企業

社会的企業は、ソーシャル・エンタープライズ（Social Enterprise）、ソーシャル・アントレプレナーシップ（Social Entrepreneurship）ともいわれる事業体です。営利企業ではありますが営利を目的とせず、貧困などの社会的課題に、収益事業を通じて取り組み、課題の解決を目指す組織体です。先にみたバングラデシュのグラミン銀行はその典型です。提供するサービスはあくまでも有料で、資金源は自らの事業による収益です。この点が、寄付や公的な補助金・助成金で活動を行うNGOやNPOと異なる点です。決して成功例ばかりではありませんが、これまでの国際協力の主体であった国連機関、NGOやNPOとは異なるアプローチで挑戦が続けられています。

ビジネス界の紛争鉱物対策——CSRとサプライチェーン

ダイヤモンド同様、武器取引や児童労働、子ども兵など「人間の安全保障」の深刻な課題の要因となっている紛争鉱物ですが、実はその対応の最前線にいるのは企業です。鉱物サプライチェーン上にあり紛争地域および高リスク地域から紛争鉱物を供給あるいは利用しているすべての企業でその社会的責任(CSR)が問われています。OECDの二〇一一年発行の「紛争地域および高リスク地域からの鉱物の責任あるサプライチェーンのためのデュー・ディリジェンス(Due Diligence)・ガイダンス」、DRCコンゴおよびその周辺国で生産される紛争鉱物(錫、タンタル、タングステン、金)の使用の有無を調査し情報を公開する義務を課した米国金融規制改革法(通称ドッド＝フランク法)第一五〇二条の規則(二〇一二年採択)などにより、関係企業は紛争のみならず派生する強制労働など人権に負の影響を与える可能性(人権リスク)を調査・分析・評価し、その影響を防止・軽減する対応が求められています。

ビジネスによる貧困削減——BOPビジネス

企業のCSR(社会的責任)とは別に、ビジネスによる貧困削減の取り組みもみられます。

世界の貧困層を消費者として捉え、その強大な市場でビジネスを展開することで社会的課題の解決を図ろうとするBOPビジネスと呼ばれるものです。BOPとはbottom of the pyramid（ピラミッドの底）の略。開発途上国の貧困層・低所得者層を指す言葉です。人口を所得別に分けてグラフ化すると下から低所得者層（BOP層）、中間層、富裕層を積み上げたピラミッド型の三角形が出来上がるため、用いられる表現です。ただしbottom（底）という単語は社会の底辺というニュアンスをもつことから、最近ではbase of the pyramid（ピラミッドの基礎）と表現されます。個人の購買力がほんの少しの限られたものであっても、全体としては巨大市場として認知され始めたのです。シャンプーや石けん、整髪料、調味料などの製品を小分けにして少しずつ、毎日販売する、といった方法が典型的です。企業と国際機関やNGOとの連携がみられるのも特徴です。また、農村地域の女性を販売スタッフとして採用し、現地女性の収入源を確保することで、現地社会の自立を促す仕組みをとるものもあります。

防災・減災への取り組み――「兵庫宣言」と「兵庫行動枠組」

世界規模で災害の発生頻度が高まり、被害が深刻化する中、自然災害や気候変動への防災・減災対策、リスク管理は、各国政府の課題であるとともに、世界規模の課題です。この防災を専門とする国際機関が「国連防災機関」（United Nations Office for Disaster Risk Reduction：UNDRR）です。二〇一九年五月に「国連国際防災戦略」（UNISDR）から名称が変更されたものです。UNDRRは、「国際防災の一〇年（一九九〇―一九九九年）」の事務局を継承し、一九九九年一二月国連総会決議（54/219）により設立されました。阪神淡路大震災から一〇年の二〇〇五年一月、日本政府の招聘により兵庫県神戸市で開催された国連防災世界会議で採択された「兵庫宣言」と「兵庫行動枠組2005-2015：災害に強い国・コミュニティの構築」の推進役でもありました。二〇一五年三月、仙台で開催された第三回国連防災世界会議では、「仙台宣言」と「兵庫行動枠組」の後継枠組である国際的な防災指針「仙台防災枠組2015―2030」が採択されています。UNDRRは国連防災世界会議の事務局を務め、これらの指針の推進役であるとともに、気候変動への防災の適用や災害リスク軽減への投資の増加、災害に強い都市や学校・病院づくり、防災のための国際的システムの強化などを中核業務としています。

一ドルを防災に投資するごとに経済損失七ドル分を回避できるというUNDPの試算もあり、災害発生後の後手の対応ではなく、災害に対する強靭な社会の構築、開発や国際協力における防災の主流化が求められています。東日本大震災をはじめ過去の災害の教訓を生かし、この分野で日本が果たす役割には大きなものがあります。

2 国際的な法的枠組み

次に、条約の形式をとった国際法上の取り組みを紹介します。法とは社会の規範であり、ルールです。国民はその国の法律に拘束され、国家は、国家間の法である、国際法に拘束されます。したがって、法を作る、条約を作るという作業は、特定の問題の解決や改善のために非常に重要な役割を果たしています。

以下「人間の安全保障」に関わりの深い（1）人権、（2）軍縮・不拡散、（3）地球環境問題、（4）国際裁判という四つの領域を中心にみていきます。

1　人権

国際法は、元来国家間の法です。伝統的な国際法においては、人間は個人としていかなる権利も持っていませんでした。国籍国が自国民に与える保護のみを享受し、国家による自国民の処遇は、国際法の規律の対象外であり、国際法は適用されず、すべて各国の国内管轄事項とみなされてきたのです。この節では、「人間の安全保障」概念が登場した一九九〇年代以降に限定せずに、人権関連条約を概観したいと思います。

人権の問題を国際法が規律するようになるのは、第一次世界大戦後のことです。東欧にチェコスロバキアやハンガリー、ポーランドやユーゴスラビアなど新たに九つの独立国が誕生しますが、多くの国に民族的・言語的・宗教的少数者の地区が存在しました。そこで、戦勝国が、新国家に対し、国内の少数者保護のための特別条約締結を要求したのが始まりです。

一九一九年に成立した国際連盟は、少数民族・少数者の保護のための国際的制度の発展に重要な役割を果たしていましたが、人権に対する取り組みが本格化するのは、第二次世界大戦後です。国際連合は、紛争の違法化のみならず、その目的の一つとして「人権および基本的自由の尊重」を掲げたのです。ただし、これらの文言は一般的で抽象的なものにとどまり、具体的内容までは明らかにされませんでした。そのため、この内容の明確化が急がれ、その第一歩となったのが一九四八年の第三回国連総会で採択された「世界人権宣言」です。しかしこれは国連総会決議の形をとり、法的拘束力を伴うものではなかったため、一九六六年に国連は二つの国際人権規約、「経済的、社会的及び文化的権利に関する国際規約（社会権規約）」と「市民的及び政治的権利に関する国際規約（自由権規約）」を採択します。いずれも発効は一〇年後の一九七六年ですが、ともに履行確保のための報告制度（社会権規約、自由権規約）や国家通報制度・個人通報制度（自由権規約のみ）が整えられました。報告制度とは、締約国が人権の実施状況を国連の経済社会理事会の作業部会に定期的に報告する制度です。国家通報制度とは、締約国が他の締約国の、自由権規約上の義務違反を通報する制度、個人通報制度とは自由権規約上の人権侵害を受けた個人が通報する制度です。制度があることと、それが守られることは別の問題ですが、世界規模の人権保障のための制度があるのは重要なことです。

二つの国際人権規約は、さまざまな分野の人権の保障を一般的に規定した普遍的な条約ですが、これを補完し具体化する形で、人権の多様な領域や対象に対する条約が成立しています。

	名称	採択年月日	発効年月日	締約国数	日本の締結年月日
1	集団殺害罪の防止及び処罰に関する条約（ジェノサイド条約）	1948.12.09	1951.01.12	152	
2	あらゆる形態の人種差別の撤廃に関する国際条約（人種差別撤廃条約）	1965.12.21	1969.01.04	182	1995.12.15
3	経済的、社会的及び文化的権利に関する国際規約（社会権規約）	1966.12.16	1976.01.03	171	1979.06.21
4	市民的及び政治的権利に関する国際規約（自由権規約）	1966.12.16	1976.03.23	173	1979.06.21
5	市民的及び政治的権利に関する国際規約の第2選択議定書（死刑廃止議定書）	1989.12.15	1991.07.11	88	
6	すべての移住労働者とその家族の権利の保護に関する国際条約	1990.12.18	2003.07.01	55	
7	女子に対するあらゆる形態の差別の撤廃に関する条約	1979.12.18	1981.09.03	189	1985.06.25
8	児童の権利に関する条約	1989.11.20	1990.09.02	196	1994.04.22
9	武力紛争における児童の関与に関する児童の権利に関する条約選択議定書	2000.05.25	2002.02.12	170	2004.08.02
10	児童売買、児童買春および児童ポルノに関する児童の権利に関する条約選択議定書	2000.05.25	2002.01.18	176	2005.01.24
11	拷問及びその他の残虐な、非人道的な又は品位を傷つける取扱い又は刑罰に関する条約	1984.12.10	1987.06.26	171	1999.06.29
12	障害者権利条約	2006.12.13	2008.05.03	182	
13	強制失踪からのすべての者の保護に関する国際条約	2006.12.20	2010.12.23	63	2009.7.23

表10　主な国際人権条約一覧（2020年9月29日現在）

人権条約の「人権」でいうところの「人」、ヒューマン・ライツ（human rights）の human とは、そもそも誰を指したのでしょうか。歴史的にみて、人権をもつ human は、国家に対し抵抗権を行使できる人、「収入のある一人前の大人の白人男性」を想定していたのは疑いもない事実です。そういう意味でみるなら、今日私たちが目にしている人権条約は、本来的に人権をもっていなかった人――女性、子ども、障がい者の権利を保障しているものとみることができます。こうした条約や宣言により、「人間の安全保障」が阻害されてきた人々の人権が守られるよりどころとなっています。

2　軍縮・不拡散

軍縮（disarmament）とは、国防のために配備された兵器や施設などの規模を縮小し、さらには廃絶を目指す取り組みを指します。不拡散とは、兵器一般、特に核兵器や生物・化学兵器などの大量破壊兵器、またそれらを運ぶミサイルや、その兵器の開発に使用される恐れのある関連物質や技術などが広まること、拡散を未然に防ぐ取り組みです。この分野でも、国際法は大きな役割を果たしています。

①核不拡散・核軍縮

核軍縮と核不拡散を目的とした「核兵器の不拡散に関する条約（NPT：Treaty on the

Non-Proliferation of Nuclear Weapons)」は一九六八年に採択され、一九七〇年に発効しました。NPTでは、「一九六七年一月一日前に核兵器その他の核爆発装置を製造し、かつ爆発させた国」を核保有国（核兵器国）と定め、それ以外の国々の核兵器の保有を禁止しました。NPT体制下の正統的な核兵器保有国に該当するのは、アメリカ（最初の核実験実施年、一九四五年）、ソ連（一九四九年）、イギリス（一九五二年）、フランス（一九六〇年）、中国（一九六四年）の五ヵ国のみです。二〇二〇年現在の締約国は一九一ヵ国・地域（日本は一九七〇年に署名、一九七六年批准）、ただし、事実上の核兵器保有国のうち加入しているのは二〇〇三年に脱退表明した北朝鮮のみで、インド、イスラエル、パキスタンは加入していません。

NPTには三つの柱があります。（1）国際社会の平和と安全を実現するために核兵器国が核兵器を減らす取り組み（核軍縮）、（2）核兵器やその関連物質・技術がこれ以上世界に広がらないための取り組み（核不拡散）、（3）締約国が原子力を平和的に利用できる権利（平和的利用）です。

核軍縮に関してはアメリカとロシア、イギリスとフランスなど、二国間での取り組みと、多国間の取り組みとして、後述する国連「ジュネーブ軍縮会議（CD）」があります。核軍縮を実施するための条約としては、あらゆる核爆発実験を禁じる「包括的核実験禁止条約（CTBT：Comprehensive Nuclear-Test-Ban Treaty)」、「兵器用核分裂性物質の生産禁止条約（「カットオフ条約（FMCT）」）があります。CTBTは一九九六年に採択され、二〇二〇年八月現在、一八四ヵ国が署名、一六八ヵ国が批准したものの、発効要件となっているアメリカなど一部の国々が批准しておらず、発効のめどは立っていません。なお、北朝鮮、インド、パキスタンは未署名の状態です。カットオフ条約は、交渉開始にさえ至っていないのが実情です。

②国連「ジュネーブ軍縮会議」

多国間で軍縮の交渉を行う唯一の国際機関で加盟国は六五ヵ国。西側グループ（二五ヵ国）、東側グループ（六ヵ国）、G21グループ（三三ヵ国）、いずれのグループにも属さない中国により構成されています。事務局機能は国連軍縮部が果たしているものの国連等他の国際機関からは独立した組織です。これまでNPTのほか、生物兵器禁止条約、化学兵器禁止条約、包括的核実験禁止条約など重要な軍縮条約が作成されています。

CDの強みであり、弱みは、活動や決定はすべて加盟国の全会一致が原則で、コンセンサス方式が取られていることです。それゆえ、実質交渉に入る前の交渉アジェンダの設定でもつまずくなど、進展することはまれで、一九九六年にCTBTを交渉して以来、実質的交渉や議論はほとんど行われていません。そのため、地雷禁止条約、クラスター禁止条約は、一ヵ国でも反対すれば先に進まないCDと訣別《けつべつ》し、賛同国のみで議論を進める画期的な方式が取られました。ある国がイニシアティブをとり、志を同じくする国々（like-minded countries）に呼びかけ、賛同する国だけで交渉をスタートさせる方式です。とはいえ、これらの方式には、主要国が参加しない「善人条約」、普遍性・実効性に欠ける、といった批判もあります。CDは進展は遅くとも、軍縮の当事者として重要なほぼすべての国が加盟しているからです。

③核兵器禁止条約

NPTでは第六条で核保有国に核軍縮の誠実な交渉を義務付けていますが、果たされてはいません。これに対する非核保有国の不満と、国際的なNGOの連合体「核兵器廃絶国際キャンペーン」(ICAN)の働きが契機となり、あらゆる核兵器の開発・実験・製造・保有・使用と威嚇を禁じる核兵器禁止条約が、二〇一七年七月、一二二ヵ国・地域の賛成により採択されました。史上初めて核兵器を非人道的で全面的に違法とするもので、二〇二〇年一〇月二四日、批准国数が条約の発効に必要な五〇に達し、九〇日後の二〇二一年一月二二日が発効日です。人類の悲願ともいえる画期的な条約ですが、核保有国や日本を含め「核の傘」の下にある国々は参加していません。核廃絶に向けた諸国の断絶・分断が深まる中、唯一の戦争被爆国としての日本の立場や姿勢が問われています。

④生物・化学兵器

生物・化学兵器の歴史は古く、ひとたび戦争で使用されると甚大かつ悲惨な被害を生み出してきました。第一次世界大戦後、一九二五年に「窒息性ガス、毒性ガスまたはこれらに類するガスおよび細菌学的手段の戦争における使用の禁止に関する議定書」（ジュネーブ議定書）で戦時の使用が禁止され、その五〇年後、使用のみならず、開発、生産、貯蔵、保有を包括的に禁止する「細菌兵器（生物兵器）及び毒素兵器の開発、生産及び貯蔵の禁止並びに廃棄に関する条約（生物毒素兵器禁止条約、ＢＷＣ）が一九七五年に、「化学兵器の開発、生産、貯蔵及び使用の禁止並びに廃棄に関する条約」（化学兵器禁止条約、ＣＷＣ）が一九九七年に発効しました。日本は、ＢＷＣは一九八二年に締結、ＣＷＣは発効時からの締約国です。

さてＣＷＣでは、一九二五年一月一日以降に他国領域内に同意なく遺棄した化学兵器については、遺棄国に処分に必要な費用や技術の提供を義務づけています。この規程に基づき、日本は、中国に残された旧日本軍の化学兵器を廃棄する義務を負っています。そのために一九九九年三月一九日には、「遺棄化学兵器問題に対する取組について」を閣議決定し、それに基づき、同年四月一日遺棄化学兵器処理担当室を総理府（現内閣府）に設置、七月三〇日に、日中両政府で「中国における日本の遺棄化学兵器の廃棄に関する覚書」に署名しています。遺棄化学兵器の大部分が埋設されているとされるのが吉林省ハルバ嶺（推定三〇万～四〇万発）です。近隣の住民にも被害を及ぼしており、廃棄が急務ですが、老朽化学兵器の廃棄は困難をきわめています。二〇〇〇年九月の事業開始以降二〇一八年三月末までに中国各地から約六万三〇〇〇発の遺棄化学兵器を発掘、回収、保管し、南京、石家荘、武漢、ハルバ嶺で廃棄したものを含め約五万発を廃棄済です。

⑤対人地雷とクラスター爆弾

世界九〇ヵ国の一〇〇〇を超えるＮＧＯのネットワーク「地雷禁止国際キャンペーン（ＩＣＢＬ）」や赤十字国際委員会（ＩＣＲＣ）を中心とした世界各国の市民社会と、カナダやオーストリア、ノルウェーなどミドルパワー（中堅国）の政府との密接な連携により、一九九七年に対人地雷禁止条約（「対人地雷の使用、貯蔵、生産及び移譲の禁止並びに廃棄に関する条約」）が成立しました。この条約は、一九九九年に発効し、二〇二〇年一一月現在、一六四ヵ国が加入し、対人地雷の廃絶は、世界的な潮流になりつつあります。

しかし、法的な禁止で問題が解決したわけではありません。地雷問題を解決するには、地雷除去に始まって、地雷の事故を回避するための教育（地雷回避教育）、被害者支援、貯蔵地雷の破壊、対人地雷の使用に反対するアドボカシー活動など包括的な取り組みが不可欠です。これら地雷や不発弾が社会や経済、環境に与える影響を減らす活動は、総じて「地雷対策（mine action）」と呼ばれ、「人々が安心して暮らすことができ、社会・経済・保健分野の開発が地雷汚染による制約を受けずに自由に行われ、被害者のニーズが満たされるレベルまで地雷による危険を無くすこと」を目的に世界各地で実施されています。

またクラスター弾禁止条約（「クラスター弾に関する条約」）も、ＮＧＯの連合体クラスター爆弾連合（ＣＭＣ）とノルウェーを中心とした中堅国政府との連携により二〇〇八年五月に採択、一二月に署名、二〇一〇年に発効しました。二〇二〇年一一月現在、一二三ヵ国が署名し、内一一〇ヵ国が批准しています。

なお、対人地雷禁止条約・クラスター弾禁止条約は、軍縮条約であると同時に国際人道法の特徴も兼ね備えたハイブリッドな条約でもあります。

⑥小型武器の規制——武器貿易条約の成立

従来、通常兵器一般に関する全世界的な取り組みは信頼醸成措置である国連軍備登録制度等に限定されていました。そうした中、国連で二〇〇六年から検討されてきたのが、武器貿易条約（ATT：Arms Trade Treaty）構想です。通常兵器の輸出入及び移譲に関する国際的な共通の基準の確立を通じて通常兵器の国際的な管理の強化を目指すこの構想は、一部の国の反対により紆余曲折を経ましたが、二〇一四年に実現します。二〇一三年四月賛成多数で採択（賛成一五四、反対三、棄権二三）、翌二〇一四年一二月二四日に発効しました。このプロセスには、対人地雷やクラスター爆弾の取り組みでICBLやCMCが大きな役割を果たしたように、国際的なNGOの連合体「コントロール・アームズ」キャンペーンが大きな推進力となりました。

3　地球環境と気候変動

地球環境と気候変動の問題は、「人間の安全保障」に大きな脅威となる大規模な自然災害や水源の枯渇、水不足の一因ともなっています。

①気候変動に関する国際枠組み（枠組条約、京都議定書、パリ協定）

国際社会では、実効的な温室効果ガス排出量の削減を目的に、国連気候変動枠組条約（UNFCCC：一九九二年採択、九四年発効）に基づき、一九九五年より毎年、締約国会議（Conference of the Parties：COP）を開催、対策を進めてきました。一九九七年一二月京都開催の第三回締約国会議（COP3）で採択された京都議定書（二〇〇五年二月発効）が二〇二〇年までの枠組みを、その後継として二〇一五年一二月パリ開催の第二十一回締約国会議（COP21）で採択されたパリ協定が二〇二〇年以降の新たな国際枠組みを示しています（二〇一六年発効）。先進国のみに具体的な削減義務を課した京都議定書と異なり、パリ協定では世界共通の全ての国による取組みとして、脱炭素化を目指す2℃目標と1・5℃の努力目標と排出量に換算した明確な長期目標が示されました。海洋プラスチックごみについては、二〇一九年六月に日本が主導し「G20海洋プラスチックごみ対策実施枠組」に合意、「バーゼル条約」第一四回締約国会議においては、リサイクルに適さない汚れたプラスチックごみの輸出が規制対象となりました。生物多様性の回復についても、まもなく二〇三〇目標が国際会議で合意される見込みです。

②オゾン層の保護

地球を取り巻くオゾン層は、有害な紫外線を吸収し、人体や生態系を守っています。このオゾン層が減少し、上空のオゾン層が極端に薄くなっている「オゾンホール」が発見されました。フロンガスなどオゾン層破壊物質の影響といわれますが、この対策のため、ウィーン条約、モントリオール議定書が結ばれ、オゾン層保護のための研究やオゾン層破壊物質の規制を行っています。

このほか、生物多様性・動植物の保護のための、生物多様性条約（CBD）と、カルタヘナ議定書、絶滅の恐れのある野生動植物の種の国際取引に関するワシントン条約、特に水鳥の生息地として国際的に重要な湿地に生息・生育する動植物を保全し、湿地の適正利用を目的としたラムサール条約や、有害な廃棄物や化学物質の適正な管理を行うためのバーゼル条約、ロッテルダム条約、ストックホルム条約などがあり、アスベストやダイオキシンを含む化学物質や廃棄物の輸出入の管理も強化されています。

【コラム⑤】 エコロジカル・フットプリント――「地球一個分の繁栄」という概念

エコロジカル・フットプリント（Ecological Footprint）は、人間の生活がどれほど自然環境に依存しているかを分かりやすく示すために、ブリティッシュ・コロンビア大学で開発された指標です。アメリカの環境シンクタンクであるグローバル・フットプリント・ネットワークでは、エコロジカル・フットプリントを「人類の地球に対する需要を、資源の供給と廃棄物の吸収に必要な生物学的生産性のある陸地・海洋の面積で表したもの」として、世界のエコロジカル・フットプリントを計算しています。エコロジカル・フットプリントの算定には、農作物の生産に必要な耕作地、畜産物などの生産に必要な牧草地、水産物を生み出す水域、木材の生産に必要な森林、二酸化炭素を吸収するのに必要な森林などが含まれます。

同ネットワークの発表によれば、二〇二〇年は新型コロナウイルスの蔓延による影響で世界のエコロジカル・フットプリント（需要）は、一〇％ほど縮小したといわれます。しかし依然として多くの生態系資源を使用しており、その規模は地球の一・六個分の資源に匹敵、つまり地球の生物生産力（供給）を約六〇％超過している計算です。需要が供給を超える状態が続けば、いずれ地球の生物学的資源は欠乏します。特にアメリカやEU諸国、日本を始めとする多くの先進各国のエコロジカル・フットプリントは、その生物生産力を超過しています（エコロジカル・フットプリントのかなりの部分は化石燃料の使用による二酸化炭素の排出が占めています）。

二〇一八年の日本のエコロジカル・フットプリント（一人当たり）は世界平均の二・八倍、アメリカに至っては五倍に達します。これは、世界中の人が日本や米国民と同様の生活をすると、地球がそれぞれ二・八個、五個必要となることを示します。

4　国際裁判——法的正義と裁き

ジェノサイドや重大な人権侵害が起きても、その首謀者が逮捕されることはまれでした。こうした犯罪は、大規模でかつ残虐であればあるほど、国家や国家元首が直接関わる場合が多く、本来裁かれるべき人々が、法の担い手であるなどしたためです。その結果「不処罰の文化」が蔓延していました。

こうした中で、近年の取り組みとしてあるのが、これら国内法で裁きの対象とならない犯罪者は、国際社会として裁く、という方法です。

旧ユーゴスラビアとルワンダでは、国連安保理決議により、旧ユーゴスラビア国際刑事裁判所（ICTY）、ルワンダ国際刑事裁判所（ICTR）が設立されました。

さらに、地域を限定せず、世界中で起こりうる、重大な戦争犯罪、人道に対する罪やジェノサイド罪を犯した個人に対応するため、国際刑事裁判所（ICC）が設立されています。ICCの設立は、国際法の歴史の上でも非常に画期的です。本来、国民を裁くのは当該国政府の役割でした。それが、ICCでは本来国家間の法である国際法で重大な犯罪を犯した個人を裁くこととしたからです。また、シエラレオネや東ティモール、コソボやカンボジアのように、国内および国際刑事裁判の特質をあわせもつ混合刑事裁判と呼ばれる形態もあります。

紛争から平時という移行期の正義に対応する国際刑事裁判は、事実関係を立証し犯人を裁くにとどまらず、多元的な機能を担っています。

①罪を敵対民族にではなく、特定の個人に帰することで、国内的和解・融和を促す
②国際人道法違反の停止・防止につながる
③法の支配に関する教育的効果をもたらす~法制度の再建・法の専門家の養成(法医学者や検視官を含む)
④政策的側面
・被害者と加害者の個別的な関係性を明らかにし、民族対立としない
・社会の融和・和解を促進する

起きてしまった犯罪はもう取り返しがつきません。しかし、こうした司法の取り組みが新たな犯罪の抑止力になるとともに、犠牲者やその遺族、移行期にある社会全体に対して、一定の貢献をしています。また、平和と和解に向けた取り組みとしては、軍事政権下で多くの人が行方不明となり、あるいは拷問・虐殺されたアルゼンチンはじめ、チャド、チリ、エルサルバドル、グアテマラ、南アフリカ、シエラレオネ、東ティモールでは、「真実究明・和解委員会」が設立されています。

なお、一九九〇年代以降に設立された国際刑事裁判所の対比は以下のとおりです。

国際刑事裁判所の比較

名称	旧ユーゴスラビア国際刑事裁判所 ICTY：International Criminal Tribunal for the Former Yugoslavia	ルワンダ国際刑事裁判所 ICTR：International Criminal Tribunal for Rwanda	国際刑事裁判所 ICC：International Criminal Court
設立年	1993年5月25日（安保理決議）	1994年11月8日（安保理決議）	1998年7月17日（ICC規程採択）
設立の根拠	国連安全保障理事会決議827と附属の「（旧ユーゴスラビア）国際裁判所規程」34カ条。（安保理が、旧ユーゴの状況を「国際の平和及び安全に対する脅威を構成していると決定し」国連憲章第7章（平和に対する脅威、平和の破壊及び侵略行為に関する行動）の下に行動して設置を決定	国連安全保障理事会決議955と附属の「ルワンダ国際裁判所規程」32カ条。安保理がルワンダのジェノサイドおよび人道法の組織的違反に関心を表明、この事態が「国際の平和及び安全に対する脅威を構成していると決定し」、国連憲章第7章の下に行動して設置を決定	国際条約（国際刑事裁判所に関するローマ規程＝ICC規程） ・採択：1998年7月17日（ローマ） ・発効：2002年7月1日 ・当事国数：123（2020年11月現在） ・日本：2007年10月1日加入 （米国、ロシア、中国、インド、東南アジア諸国が未加入）
形態	臨時（アドホック）	臨時（アドホック）	常設
組織	裁判部（2つの第1審裁判部と1つの上訴裁判部から構成）、検察官、書記局からなる。裁判官は安保理が提出する名簿から国連総会で選出。	裁判部（2つの第1審裁判部と1つの上訴裁判部から構成）、検察官、書記局からなる。裁判官は安保理が提出する名簿から国連総会で選出。	統括部、上訴裁判部、第1審裁判部及び予備裁判部、検察局、書記局。
設置場所	ハーグ（オランダ）	アリューシャ（タンザニア） 次席検察官事務所～キガリ（ルワンダ）	ハーグ（オランダ）
人的管轄権	自然人（除く団体・法人）	自然人（除く団体・法人）	自然人（除く団体・法人） 犯罪実行時に18歳以上
領域的管轄権	旧ユーゴスラビア領域	ルワンダ領域及び（ルワンダ国民の犯した人道法の重大な違反については）隣接諸国の領域	・犯罪の実行地が締約国の領域 ・犯罪の被疑者が締約国の国籍保持 ・上記2つが非締約国であるが当該非締

国　籍			約国がICCの管轄権受諾の場合 ・国連の安保理が国連憲章第7章に基づいて行動し、付託した場合
時間的管轄権	1991年1月以降	1994年1月1日～12月31日	ICC規程発効（2002年7月1日）以後。または当該国について規程の効力発生後
事項的管轄権（裁判所の管轄に属する犯罪）	・1949年のジュネーブ諸条約に対する重大な違反行為 ・戦争法規又は慣例に対する違反 ・集団殺害罪 ・人道に対する罪	・集団殺害罪 ・人道に対する犯罪 ・ジュネーブ諸条約共通第3条および第2追加議定書の違反	国際共同体全体が関心を有する最も重大な犯罪 ・集団殺害罪 ・人道に対する罪 ・戦争犯罪 ・侵略の罪
管轄権の競合	国際裁判所、国内裁判所、ともに管轄権を有するが、国際裁判所は国内裁判所に優越する。	国際裁判所、国内裁判所、ともに管轄権を有するが、国際裁判所は国内裁判所に優越する。	各国の刑事裁判権を補完。被疑者の捜査・訴追は各国が実施。締約国にその能力・意思がない場合にICCが捜査・訴追、締約国がこれに協力する（補完性の原則）
刑　罰	拘禁刑（期間の決定は旧ユーゴの裁判所における拘禁刑に関する一般慣行に依拠）。死刑なし、最高は、終身刑。	拘禁刑（期間の決定はルワンダの裁判所における拘禁刑に関する一般慣行に依拠）。死刑なし、最高は、終身刑。	拘禁刑（最長で30年）。犯罪の極度重大性および個別事情により正当とされる場合は終身拘禁刑。
経費・費用	国連の通常予算 （総会割当による加盟国負担）	国連の通常予算 （総会割当による加盟国負担）	締約国による負担 日本は最大の分担金拠出国（2020年現在、約16%）

注：ICCとICJの違い：国際司法裁判所（ICJ：International Court of Justice）も国際刑事裁判所（ICC：International Criminal Court）と同じハーグにある常設裁判所であるが、両者はまったく別のものである。ICJは国連の司法機関として、国連憲章により1945年に設置された常設裁判所であり、国のみが裁判所に係属する事件の当事者となることができる、国家相互間の紛争を裁く裁判所である。裁判所の管轄は、当事国が裁判所に付託する事件のみであり、開廷には当事国双方の同意が必要となる。他方、ICCは条約に基づいて設立された国連とは別個の、独立した国際機関であり、深刻な国際犯罪を犯した「個人」を裁くものである。

第7章　保護する責任

1　冷戦後の国際社会の特徴

インターナショナル・コミュニティへ

冷戦が終焉し、国際社会が一致した行動を取ることが可能になった時代に、その行動を正当化する概念としてしばしば使用されるようになったのが「インターナショナル・コミュニティ(international community)」という概念です。その端緒となった事例が、一九九〇年八月に始まったイラクのクウェート侵攻です。安全保障理事会は、朝鮮戦争以来初めて、国連憲章第七章に基づく軍事的制裁措置を発動しました。朝鮮戦争でも、国連軍の派遣が憲章第七章に基づいて決定されましたが、これはソ連の安保理欠席という特異な状況下で行われたものでした。また、冷戦中においても、第七章「平和に対する脅威、平和の破壊及び侵略行為に関する行動」に関連し、安保理は、「平和に対する脅威」の認定をパレスチナ(一九四八年)、アイヒマン誘拐事件（一九六〇年）、南アフリカ（一九六〇年、一九七七年）、キプロス（一九六四年）、南ローデシア（一九六五年）、ナミビア（一九八五年）に対して、また、「平和の破壊」の認定を朝鮮戦争（一九五〇年）、フォークランド紛争（一九八二年）、イラン・イラク戦争（一九八七年）に対して行いました。しかしいずれも、強制措置を伴うものではありませんでした。

イラクのクウェート侵攻は、領土保全という、共通の価値観への挑戦とされ、その意味でこの国連決議は広く「国際社会（インターナショナル・コミュニティ）」の認知を受け、またそれを代表するものとされたのでした。

以後今日まで、共通の価値観（国際の平和と安定に対する脅威）に対しては、「国際社会」の合意や授権が、その行動を正当化するよりどころとなっています。では、一体何が国際の平和と安定に対する脅威に該当するのでしょうか。

国際の平和と安定に対する脅威の変容

そもそも国連憲章第五章（第二四条）で定められた安全保障理事会の権限は、第二次世界大戦の惨禍を経て創設された国際連合そのものの目的でもある「国際の平和と安全の維持」であり、軍事的な脅威、安全保障に対する権限です。しかし、冷戦の崩壊と湾岸戦争のイラクへの介入を契機に、この脅威の内容が大きく変容することとなりました。

この歴史的ともいえる転換を正式に宣言したのが、一九九二年初頭に開かれた安全保障理事会元首級会合後の議長声明です。ここで、従来の軍事分野（安全保障問題）のみならず、経済・社会・人道・環境といった非軍事分野も平和に対する脅威となりうることが確認され、かつその解決が最優先課題とされたのです。国際社会の「共通の価値観」の明らかな拡大といえます。ただし、その後の憲章第七章発動の事例をみるならば、この声明で非軍事的分野として挙げられた四項目のうち、人道問題だけが新しい「国際の平和と安全への脅威」として扱われ、エイズの脅威に対する決議を除けば、経済・社会・環境問題を理由にした憲章第七章の発動例は生まれていません。こうしたその後の実行をみると、冷戦後の国際社会において、本来は安全保障理事会の任務の対象外であるはずの人道問題が、安保理が主要な責任をもつ国際の平和と安全の維持に関わる問題、憲章第七章の発動理由として加えられたといえます。この人道問題とは、また、武力紛争下における文民の保護、と言い換えることもできるでしょう。

【コラム⑥】国連平和維持活動（PKO）にみる変化――質と量の変化

冷戦後、国際社会の構造上の、また認識上の変化を具現化する形で、国連平和維持活動にも大きな変化が生じました。数と規模、そして活動の質の変化です。

一九四八年に第一次中東戦争の停戦監視のため、最初の国連ＰＫＯである国連休戦監視機構（ＵＮＴＳＯ）が設立されて以来、二〇一二年六月までに、合計六七の国連ＰＫＯが設立されました。そのうち、冷戦終結直前（一九八九年）までの四〇年間に設立されたのは、一八件、残り四九件が一九八九年以降に設立されています。

質的にも大きな変化を遂げました。冷戦中、国家間戦争に対応して展開した伝統的なＰＫＯは、中立を原則とし、軍人を中心として国境や停戦ラインを監視する軽武装の停戦監視型が主流でした。これが冷戦後、内戦を経た国々の再建・平和構築を目的としたＰＫＯでは、多機能・複合型（コンプレックス）ＰＫＯと呼ばれるものに変化を遂げます。従来の軍事部門のみならず文民部門が強化され、行政、文民警察、軍事、選挙、人権監視部門、帰還した難民の支援、復興支援などさまざまな部門が設置される多角的・多面的なＰＫＯです。この時点で、ＰＫＯに参加する軍人以外の文民（シビリアン）の数が格段に増加し、担う役割も多様化します。ＰＫＯの規模自体が巨大化し、参加する要員数が、数千人、時に、一万人を超える大型ＰＫＯも展開します。

一九九二―九三年には、軍事力を行使して平和を強制的に創造しようというソマリア型の平和強制型のＰＫＯが登場しますが、この失敗は大きな教訓となり、これが主流化することはありませんでした。また近年では、それまでＰＫＯミッションの枠外で別個に行われていた人道支援、開発といった国連の援助機関による支援活動をＰＫＯミッションの中に統合し、政治、治安、開発、人道、人権、法の支配といった平和構築の多様な局面を一貫性のある戦略の下に位置づける「統合ミッション」が登場しています。

2　人道的介入から保護する責任へ

「保護する責任」が登場するまで、人道問題への強制的な介入、あるいは紛争下の文民の保護について、規範として議論されていたのが、「人道的介入」という概念です。大国が恣意的に用いる危険がある、という「保護する責任」に向けられるのと同様の批判がありましたが「人道的介入」は個別国家や国家連合による「介入する権利」の問題として議論されていました。しかし「保護する責任」は「介入する権利」からさらに踏み込み、介入する責任を主張しています。個々の国々の権利ではなく、国際社会全体としての責任を論じ、その下でその構成員たる諸国の介入する責任を論じているのです。その登場の経緯からみていきましょう。

ソマリア、ルワンダ、スレブレニツァ

冷戦終結後、アフリカや東欧で続けざまに発生した内戦は、大規模な飢餓、ジェノサイド、重大な国際人道法の違反、民族浄化など、深刻かつ複合的な人道問題に発展していきます。こうした事態は安保理によって、「国際の平和と安全に対する脅威」と認定され、国連ＰＫＯの派遣が大規模化し、国連の関与はますます深まっていきます。

しかしながら、文民の保護に関して、国連の活動は必ずしも成功したとはいえませんでした。

深刻な氏族対立と干ばつ、国内経済の崩壊などから多数の餓死者と、九八万人の難民と一三六万人の国内避難民を出す未曽有の人道危機に発展したソマリアの内戦では、一九九二年四月に設立された人道援助と停戦監視を目的とした従来型の国連PKO・UNOSOMⅠ、同年一二月それを引き継ぐ形で国連憲章第七章の下に設立された米主導の多国籍軍・UNITAFに続き、国連憲章第七章の下で平和強制を行う史上初めての国連PKOとして一九九三年三月にUNOSOMⅡが展開しました。しかし、飢餓状態の緩和など人道支援には一定の成果を上げたものの、映画『ブラックホーク・ダウン』（二〇〇一年）で描かれたように、PKO部隊そのものが、紛争当事者となる最悪の事態に発展します。ブトロス・ガリ国連事務総長（当時）の提唱した平和強制は失敗し、その後の国連PKOの展開に大きな影響を与えたのみならず、アメリカが国連PKOから撤退し、独自の派遣にこだわる契機ともなりました。

ビル・クリントン（William J. "Bill" Clinton）政権（一九九三年一月―二〇〇一年一月）は当時、ソマリアにおいてUNOSOMⅠ、米主導の多国籍軍（UNITAF）、さらにUNOSOMⅡに参加していました。こうした中、一九九三年一〇月三日、米陸軍の特殊部隊が単独で民兵の長アイディード（Hussein Aideed）将軍らの捕捉作戦を試みます。三〇分で終了予定の作戦に実際には一五時間を要し、ヘリコプター（ブラックホーク）二機が撃墜され、大規模な武力衝突に発展します。銃撃戦によって一八名の米兵が殺害され、ソマリア民兵のみならず、無辜《むこ》の市民数百名が巻き添えとなる大事件に発展しました。ニュースで流れた米兵の遺体が引きずり回される映像は衝撃的で、翌一九九四年一月には、共和党のボブ・ドール（Robert Joseph "Bob" Dole）議員が米国の国連のPKOミッションへの参加を限定する法案を提出し、クリントン政権は公式のPKOドクトリンの策定を迫られることになります。こうして、国連のPKOについては米国の国益に資する場合のみ協力するという立場を宣言した「大統領決定指令（PDD：Presidential Decision Directive）25」が、一九九四年五月三日クリントン大統領によって署名されるのです。

このPDD発令と時を同じくしてルワンダでは、フツの国軍や民兵により一〇〇日間で八〇万人ともいわれるツチやフツ穏健派の犠牲者を出した、ジェノサイドが進行中でした。一九九四年四月から七月にかけての凄惨な出来事です。

翌一九九五年七月には、三つ巴の民族紛争ただ中のボスニア・ヘルツェゴビナでも、東部の小村スレブレニツァおよびその近郊で、ムスリム人男性約七五〇〇名が行方不明となり、その多くがセルビア人共和国軍により処刑されたとみられるジェノサイドが発生しました。

どちらも、UNAMIR（ルワンダ）、UNPROFOR（スレブレニツァ）という国連のPKO部隊が展開中でした。あまりの衝撃の大きさに一九九九年、国連事務総長は、それぞれ、詳細な報告書を安保理に提出しています。いずれも、PKO部隊そのものの問題というよりは、安保理で定められたPKOのミッションと現実との乖離《かいり》、関係国、安保理メンバー国の意見の不一致、諸国の政治的意思の欠如、優先順位や思惑の違いなどが大きな要因とされています。

さらに、PKO派遣国にとって、自国の兵士の安全確保、という決定的に重要な命題もありました。これについては後述します。

さて、こうした動きと並行して、また、国連PKOの限界が露呈する中で、国連から離れて、介入する意思とそれを支える軍事的・経済的能力を有する国家や志を同じくする国家の有志連合による介入が議論されるようになっていきます。「人道的介入」という、介入する国家の側の主張や権利に重きが置かれた概念です。しかし、武力紛争下の危機的状況にある文民の保護のためとはいえ、武力行使を正当化しようとしたこの議論は、国家の主権を相対化、あるいは侵害し、内政不干渉という、国際社会の根源的なルールを無視するものとして、異議申し立てや慎重論も数多く展開されました。こうした動きの中で登場したのが、「保護する責任」です。

3　「保護する責任」とその後の展開

「保護する責任」の登場

国連のアナン事務総長（当時）は、一九九九年の総会と二〇〇〇年のミレニアム・サミットでルワンダ（一九九四年）、スレブレニツァ（一九九五年）、コソボ（一九九九年）と二〇世紀の最後の一〇年に続いた虐殺や人道的危機を挙げ、国際社会に対し、いかなる時に介入が行われるべきか、介入と国家主権の関係を明確にすべき、という呼びかけを行いました。この要請に対し、カナダ政府が呼応し、武力紛争の脅威から人間の安全をいかに守るかという視点から、二〇〇〇年九月、独立機関として「介入及び国家主権に関する国際委員会（ＩＣＩＳＳ）」を設立します。特に、大国の政治的意思が欠如する場合、いかにそれを動員するか、また、安保理が麻痺《まひ》した場合にどうするかという視点から、ルワンダとコソボが検討事例とされました。この委員会の報告書として登場したのが「保護する責任」という概念です。

ＩＣＩＳＳは、オーストラリアの元外相ガレス・エバンス（Gareth Evans）と国連事務総長の特別顧問でアルジェリアの大使であったモハメッド・サーヌン（Mohamed Sahnoun）の二名を共同委員長とし、米、カナダ、ロシア、ドイツ、南アフリカ、フィリピン、スイス、グアテマラ、インドの各国出身の有識者・指導者一〇名を委員として作られました。ＩＣＩＳＳは一年に及ぶ討議を経て二〇〇一年一二月、最終報告書『保護する責任（Responsibility to Protect）』を発表しました。英語を省略してＲ２Ｐとも呼ばれています。ＩＣＩＳＳは、支援を必要とする側の視点に立つとして、主権国家には自国民を守る基本的な責任があり、国家に対処能力がない場合には、国際社会に行動する責任がある、状況によっては武力行使を伴ってでも人々を保護する責任があるというアプローチを展開しています。

報告書は、保護する責任の構成要素として、予防する責任、対応する責任、再建する責任の三つの責任について議論し、それを実行するための軍事的介入の原則として、正当な権威

(right authority)、正当な根拠（just cause)、正当な意図（right intention)、それに見合った手段（proportional means)、最終的手段（last resort)、合理的な見通し（reasonable prospects）の六点を挙げました。これらの論点は決して新しいものではなく、第2章でみた武力行使そのものの合法性を判断する規則（ユス・アド・ベルム)、特に正戦論の中で検討されてきたものです。

ここで、正当な根拠については、人間の保護を目的とする軍事介入は例外的かつ特別な措置であり、それが是認されるのは、重大、かつ取り返しのつかない迫害が加えられているか、まさに加えられようとしている場合でなければならないとして、明確な介入基準を示しました。以下がその基準です。

A：大規模な人命の喪失（large scale loss of life)
実際に発生したか、発生する恐れがあるもので、ジェノサイドの意図の有無は問わず、国家の意図的な行為、不作為、行為の不能、もしくは破綻国家状態の結果として発生するもの

B：大規模な民族浄化（large scale 'ethnic cleansing')
実際に発生したか、発生する恐れがあるもの、殺害、強制追放、脅迫行為、あるいは強姦によるもの

報告書はまた、最終的な手段とはいえ、武力行使を行う際の条件について、「権威の問題」と題した章を設け、正当な権威について、詳細に検討しました。R2Pは武力行使を行う際には、あくまでも国連の承認を得る必要があり、この承認は、一義的には、安全保障理事会によるものでなければならないとします。しかし、危急の対処を要する人道的危機に、安保理が合理的な時間内に対処しない場合には、国連総会あるいは安保理の承認による地域的な国際機構の対処行動を想定します。あくまでも国連の枠内であるものの、続けてR2Pは、リベリアやシエラレオネの例を挙げつつ、最近は安保理が事後に承認する事例もあり、これが将来の行動の許容範囲になりうる可能性を示唆しています。「人間の安全保障」のための武力行使が、国連憲章の枠を超えて広がる可能性を示しており、この点が、大国による軍事介入の根拠となりうるとして、「保護する責任」論が多くの反発を招く理由です。こうした警戒感は特にかつての植民地であった国々の間で顕著です。

このように、大国による武力行使の危険が強調される「保護する責任」ですが、介入同様、「予防する責任」に同等の紙数を割き、予防への積極的な関与、早期警戒と分析、根本原因を断つ努力、直接的な予防と議論を行っています。この点についても私たちは着目して、「保護する責任」を評価する必要があるでしょう。誰が、いつ、どのような形で武力介入を検討しようと、一度始まってしまったジェノサイド、民族浄化を止めるのはほとんど不可能な作業だからです。

二〇〇五年の世界サミット

「保護する責任」が主張した介入に関する二つの基準は、ルワンダ・ジェノサイドの発生からちょうど一〇年を迎えた二〇〇四年四月七日、あらためて国際社会に提示されました。ジュネーブで開かれたルワンダ記念式典において、アナン事務総長がジェノサイド防止のための行動計画の中で、言及したのです。

また、この「保護する責任」は、二〇〇五年九月一六日、国連総会首脳会合（世界サミット）で採択された成果文書においても、ＩＣＩＳＳ報告書とは安保理の権限について異なるものの明記されています。ICISS報告書においては、軍事的介入なしに解決できない状況にかかわらず、安保理が機能しない状況においては、特定の国が軍事的介入を行うこともありうるとされていました。しかし世界サミット成果文書においては、保護する責任の考えを認めつつも、軍事的介入は安保理の承認により行使されることが確認されたのです。

この世界サミットの成果文書は二〇〇五年一二月二〇日の安保理決議（S/RES/1645）においても再確認されました。

保護する責任の実施

また二〇〇八年二月に、潘基文国連事務総長は「保護する責任」についての事務総長特別顧問としてエドワード・ラック（Edward Luck）を任命し、その作業の成果として二〇〇九年一月には『保護する責任の実施（Implementing the responsibility to protect）』と題する報告書を国連総会に提出しています。「保護する責任」が不適切な目的のために誤用されることを防ぐためには、国連がそのための戦略や基準、手続きや手段、実施方法などを確立する必要があるという認識の下に執筆され、その題名のとおり概念の実施に重点を置く内容となっています。この報告書は、「保護する責任」を支える柱として次の三つを掲げました。

第一の柱「国家の保護責任」：国連加盟国はそれぞれの国家においてジェノサイド、戦争犯罪、民族浄化、人道に対する罪の四つの重罪から文民を保護するためにその責任を果たすこと。

第二の柱「国際支援と能力開発」：責任を果たす意思があってもその能力に欠ける加盟国の保護能力強化のため、また予防のために国際社会が支援と能力開発を行うこと。

第三の柱「時宜にかなった断固とした対応」：ある国家が明らかに責任を果たせていないと安保理が判断する場合には、国連と加盟国は、国連憲章の諸規定に基づき、安保理の決定に従い、適切な時期に、断固とした方法で集団的行動を取ること。

第一、第二の柱では、領域内の人々の保護責任は、第一義的には各国家にあるとして、国家による保護責任の遂行を強調しつつも、国連システムの制度や機関を活用して各国の保護能力の開発と強化の重要性を訴えています。担い手として挙げられたのは国連児童基金（UNICEF）、国連開発計画（UNDP）、国連人権高等弁務官事務所（OHCHR）、国連難民高等弁務官事務所（UNHCR）、国連人道問題調整事務所（UNOCHA）、ジェノサイド予防に関する特別補佐官などです。また同時に、欧州安全保障協力機構（OSCE）、西アフリカ諸国経済共同体（ECOWAS）、アフリカ連合（AU）などの地域機構との連携も奨励されています。

また、報告書は、最貧困層に属する一〇億人の人々（"bottom billion"）や少数者グループに対する開発援助にも言及しています。彼らに対する開発援助の強化が、予防の効果的な処方箋であるというのです。開発、人権、難民、緊急支援といった、多様な機能を備えた国連システムを活用しての広範な実施手段は、「人間の安全保障」との共通性も指摘することができます。

4　ダルフールで起きたこと

史上最悪の人道危機

さて、時計の針を戻します。二〇〇五年の安保理決議にもあるように、まさに「現在の課題は、国際社会が同意したこの概念を実行に移すこと」であったはずです。しかし、この時期進行中であった、スーダンのダルフールの人道危機に対し、国際社会はタイムリーに「保護する責任」を果たすことができませんでした。

ダルフールとは、チャド、中央アフリカ共和国と国境を接するスーダン西部の三州からなる地域です。このダルフールで、イスラム同士であるものの、政府軍とその民兵集団ジャンジャウィードと、定住農民や牧畜民による抵抗運動SLM、JEMの間で緊張が高まり、激戦となりました。二〇〇三年初頭の衝突以降、三地域からなるダルフール全土で、政府軍による空爆、ジャンジャウィードによる住民に対する殺害、拷問、レイプ、性的虐待、拉致、村落の破壊活動、略奪、強制移住などが発生。国連の報告によれば二〇〇五年一月時点で、六〇〇万人のダルフール人口の内、一八〇万人が国内避難民に、二〇万人がチャドに逃れ難民となり、避難民・難民キャンプでの劣悪な生活が続いていました。殺害された犠牲者の数は不明ですが、推計ではその数は二〇万人から四五万人にも上るとされ、ダルフールは、「史上最悪の人道危機」と呼ばれました。

ダルフールに関しては二〇〇四年以降、紛争当事者に対する停戦の要請やスーダン政府を非難する安保理決議が採択されますが、スーダン政府の抵抗もあり、国連PKOなどの派遣は実現しませんでした。単独や有志連合で介入する国もなかったのです。

年が明けて二〇〇五年一月二五日には、「国際調査委員会」の報告書が提出され、これを検討した安保理は同年三月三一日、決議1593において、ダルフールにおける国際人道法・国際人権法の重大な違反の事案を、国際刑事裁判所（ICC）に付託することを決定しました。翌二〇〇六年八月には、国連安保理でダルフールへの国連PKO（UNMIS）の展開拡大を規定する決議1706を採択しましたが、スーダン政府は決議を拒否。国連安保理がスーダンのダルフール地域に対する「ダルフールAU・国連合同ミッション（UNAMID）」展開を規定する決議1769を採択したのは、二〇〇七年七月三一日のことです。さらに、UNAMIDが、アフリカ連合（AU）による停戦監視等のための部隊（AMIS）から指揮権を引き継ぎ、展開を開始したのは二〇〇八年一月のことでした。二〇〇九年三月、ICCがバシール（Omar Hasan Ahmad al-Bashir）大統領に対する逮捕状を発行し、このこと自体が「保護する責任」の実施方法の一つとして位置づけられるものの、「保護する責任」が提案したように、武力でジェノサイドそのものを止めようという動きはありませんでした。

人道的介入主義への不信感

ではこうした国際社会が認めた言説「保護する責任」と、非介入という行動の不一致をもたらした背景は何が理由だったのでしょうか。それはダルフールに軍事的に介入し、スーダン政府やジャンジャウィードと対峙し、大規模な人権侵害を阻止しダルフール住民を保護するという国際社会の政治的意思の欠如だったのではないでしょうか。

この理由について国際政治学者で、「保護する責任」に関する著作のあるウィリアムズとべラミー（Paul D. Williams and Alex J. Bellamy）は、二〇〇三年の米のイラク侵攻後、西側の人道的介入主義に対する不信感の増大があると指摘しています。9・11後、米国が主導したアフガニスタンやイラク攻撃において、「新帝国主義」の野望を覆い隠すために、人道的根拠を挙げて攻撃を正当化したのではないか、という疑念を多くの国が抱き、この疑念が「保護する責任」にまで広がったという指摘です。

また、「保護する責任」の主導者であるカナダ政府自身がダルフール問題に沈黙するようになっています。二〇〇六年一月の総選挙で勝利したスティーブン・ハーパー（Stephen Joseph Harper）首相の保守党に政権が移行して以降のことです。いずれにせよ、「保護する責任」概念の登場にもかかわらず、ダルフールには、西側社会からは、人道支援を除いて適切かつタイムリーな形での人道的介入がなされることはありませんでした。

5　私たちの責任とは

国際社会を代表して行動する安全保障理事会にとって、冷戦後の国際社会は、人道問題が優先的課題として扱われ、これに対して、一致した行動をとることが可能になりました。国連憲章第七章の下に、ＩＣＴＹやＩＣＴＲが設置され、犯罪人の処罰が行われ、ジェノサイドの防止や被害集団の保護に価値や規範が置かれました。

しかしながら、実際には、それ以上に国家にとって死活的に重要な、あるいは優先順位の高い問題や事情、国益が優先されてきた経緯があります。では、ジェノサイドの防止や阻止に関する国際社会共通の価値や規範に勝る価値や問題とは、一体何でしょう。ルワンダ、スレブレニツァ、ダルフールにおいて、それは、内政・外交上の問題（当該政府との関係、テロとの戦い、国内ロビーや世論からの圧力）、財政的問題（国連PKOや多国籍軍派遣に関わる負担）、経済的問題（石油などの利権、債務の履行）などが指摘されます。とりわけ介入の主体になる西側先進諸国の場合、ジェノサイドの防止や被害集団の保護以上に重要な価値となるのが、国連PKO部隊や多国籍軍に派遣される自国の兵士の生命です。

一般に、P5に比べ国益中心主義に陥ることが少なく、人道問題に対して、より人道的・道義的な見地から対処する傾向が強いと思われているのが、カナダ、北欧のスカンジナビア諸国といった中堅国（middle powers）です。しかしながら、冷戦崩壊後に発生した三つのジェノサイド――ルワンダ、スレブレニツァ、ダルフール――への対処を見る限り、こうした言説は必ずしも現実に反映されるわけではありません。

優先される自国民の保護

スレブレニツァにおいても、ルワンダにおいても、一般的に道義的関心や人道的価値観を重視すると思われているこれらの国々が、ジェノサイドの阻止に決定的に重要な時期に当然といえば、当然ですが、自国民の保護を優先させたのです。

スレブレニツァの事例では、セルビア人武装勢力に包囲されたムスリム人の飛び地・スレブレニツァに展開していたのは、UNPROFOR（国連保護軍）のオランダ部隊でした。一九九五年七月、ボスニアのセルビア人武装勢力のスレブレニツァ進攻に際し、地上の国連要員から再三要請されたUNPROFOR／NATOの空爆（近接航空支援）は、後の国連事務総長報告書でも"too late, too little"と記されたように、時機を逸したタイミングで、あまりに小規模にしか行われませんでした。UNPROFOR内部の指揮命令系統の混乱も空爆遅延の一因ですが、より決定的な理由は、オランダ政府が、現地に展開中の自軍の兵士がセルビア軍の逆襲に遭い報復にさらされる事態を懸念し、ニューヨークの国連本部やザグレブのUNPROFOR本部に対し、セルビア軍に対する空爆回避や中止を要請していました（空爆が適切な時期に、適切な規模で実施されていれば、スレブレニツァ・ジェノサイドは回避できた可能性を国連事務総長報告も認めています）。

ルワンダでは、一九九四年四月六日、ジェノサイドの発端となるハビャリマナ（Juvénal Habyarimana）大統領が乗った飛行機が撃墜されます。これを合図とするかのようにジェノサイドが展開されるのですが、ツチの虐殺に先立ってフツの強硬派が最初に狙ったのは、フツ穏健派の政府要人でした。七日午前、ウィリンジイマナ（Agathe Uwilingiyimana）首相が政府軍兵士により銃殺されますが、このとき、首相を警護していたベルギー兵一〇名も政府軍兵士により惨殺されるのです。この後、ジェノサイドは、ルワンダ全土に拡大していきます。ルワンダ虐殺が発生しつつある、この決定的に重要な時期に、ベルギー政府は自国の兵士一〇名の殺害を理由に、UNAMIRからの完全撤退を決定しました。一〇名もの兵士が命を落とし、国内政治的にルワンダ派兵の継続は不可能と判断したためです。

ダルフール危機に際しては、それまで「保護する責任」において人道的介入論を主導してきたカナダ政府が、一貫して沈黙を保ちました。政権交代が主な理由とみられていますが、このように、P5よりも人道的関心や動機に基づき、行動することが期待されていた中堅国も、人道的関心以外の要因によりその行動が決定されています。

しかし、スレブレニツァやルワンダの場合、オランダやベルギーの時の政権が、専制的に独断で決断したものではありません。その背景にあるのは両国の世論であり、選挙民の意思でもあります。世論やメディアが、他国民を救うために自国民が尊い命を犠牲にすることを容認しないということです。

一般に国際社会は、ポスト冷戦後の「インターナショナル・コミュニティ」においても、自国が当事者である武力紛争や国益、戦略的関心に基づく介入の場合を除き、そうした背景のない、一義的に他国の市民を保護することを目的に行う介入であるならば、そこで他者（他国民）の命を救うために、自己（自国民）の命が犠牲になることまでは許容しないのではないでしょうか。この論理を有しているのは、国家や軍隊組織ばかりではありません。人道援助機関、ＮＧＯも同様であり、組織や職員そのものが攻撃の対象となり、虐待や暴力行為にさらされる事態になれば、国連機関も、ＮＧＯもその現場から撤退し、あるいは、現地人の職員のみを残し、国際職員は安全な近隣諸国に避難して、そこから遠隔管理方式で支援活動を行っているのです。

人道の四つの敵

ジェノサイドやそれに類する大規模な人権侵害が発生し、当事国政府がその実行者である場合、あるいは破綻国家など、当事国政府に自国民を保護する意思や能力が欠ける場合、犠牲となっている現地の市民を救うためには、武力行使により、強制的にこうした犯罪行為を停止させるというのが、最終段階において取りうる唯一の選択肢です。

しかしそもそも、主権国家への介入がどこまで許容されるかは、「保護する責任」が登場したとはいえ、いまだ決着をみていない問題であり、また、介入が正当化される状況にあっても、民主国家が選挙民の意向、世論を無視して、ジェノサイドへの介入を想定できない存在であることは確認したとおりです。実際、自国民の生命という犠牲を払ってでも、他国で発生した深刻な人権侵害、ジェノサイドに対し、道義的・人道的理由から軍事的な介入を行う、あるいは自国民に多大な犠牲が発生しても介入を続ける、あるいはさらなる事態の悪化に対処して介入を強化するという国家は、民主主義国の中からまだ現れているとはいえません。

　また、万一、ジェノサイドを阻止するための国連平和維持軍あるいは多国籍軍を組織することが決定されたとしても、実際に各国が兵員を提供し、現地に展開するまでには数週間の時間が必要です。さらに武力行使が前提となる派遣であれば、派遣部隊の交戦規定（ROE：Rules of Engagement）の策定には、派遣国との慎重な調整が必要となり、少なからぬ時間が費やされることになります。ジェノサイドの阻止には、決定的な遅れです。いずれにしても、一度発生したジェノサイドを軍事力を行使して停止させることには大変な困難がつきまといます。だからこそ、「保護する責任」の中に登場した「予防する責任」が決定的に重要です。

　地球上のどこかの地点で、ジェノサイドが発生しても、先進国に住む私たちは、その事実に一切関知せずに、何事もなく、平穏な生活を送ることが可能です。第二次世界大戦時、ユダヤ人の関係者からナチ・ジェノサイドの犠牲者に対する救援と救出の訴えがもたらされたにもかかわらず、その要請を看過することになった経験をもつICRCの元副委員長ジャン・ピクテ（Jean Pictet）は、戦後、人道の敵として、利己心、無関心、認識不足、想像力の欠如の四点を挙げました。ピクテは続けて、無関心は長期的には弾丸と同様に確実に人を殺す、と主張しました。自分に関わりのない地域で起きている事件であろうと、その実情に対する認識と、それを看過しない想像力、そうしたものをもつ社会風土や世論を作り上げていくことが、ジェノサイドの阻止のための方策の第一歩ではないでしょうか。

【コラム⑦】ジェノサイド罪、戦争犯罪

ジェノサイド罪（集団殺害罪）

平時に行われるか戦時に行われるかを問わず、国民的、民族的、人種的、宗教的集団の全部または一部を、集団それ自体として破壊しようという明らかな「意図」をもって行われる殺害、重大な身体的・精神的危害を加えるなどの行為。一九四八年のジェノサイド条約で規定され、その定義が旧ユーゴスラビア国際裁判所（ICTY）規程、ルワンダ国際裁判所（ICTR）規程、国際刑事裁判所（ICC）ローマ規程、いずれにおいても踏襲された。犠牲者の数に関わりなく、対象が四集団の構成員であること、行為者側の明確な意図が認定されることが、ジェノサイド罪成立の要件となる。ジェノサイド条約条文の起草過程では、四集団以外に文化的集団や政治的集団も検討されたが、諸国の同意が得られず、除外される結果となった。そのため、文化的破壊行為や先住民への強制的な同化政策、同一民族間や、特定の政治的集団を排除するために行われた殺戮は、ジェノサイド罪の対象とはならない。

他方、一般の社会においては、ジェノサイドという言説が大規模な虐殺事件を描写する際に、使用者により恣意的に用いられる傾向があり、これはジェノサイド罪が実際に認定されるようになった冷戦後の国際社会において顕著である。ジェノサイドが「犯罪の中の犯罪（the crime of crimes）」と評され、また、六〇〇万もの欧州在住のユダヤ人を殲滅《せんめつ》し、人類を震撼させた重大な犯罪、ナチ・ジェノサイドの記憶と直結していることが一因と考えられる。

なお、ジェノサイド条約の締約国は二〇二〇年一一月現在、一五二ヵ国に上るが日本は主要先進国で唯一この条約に加入していない。

人道に対する罪（crimes against humanity）

「人道に対する犯罪」という用語が初めて使用されたのは、第一次世界大戦中にトルコ政府により行われたアルメニア人虐殺に関して、一九一五年に出された英仏露共同宣言においてであったとされる。しかし、法的拘束力のある文書に初めて規定されたのは、ニュルンベルク国際軍事裁判所条例（一九四五年）においてである。ユダヤ人ジェノサイドという自国民への重大な犯罪が、敵国民への攻撃を想定した通例の戦争犯罪では訴追対象とならなかったためである。「人道に対する罪」は東京軍事裁判所条例（一九四六年）においても同様に規定されたが、その後約半世紀にわたり慣習法を根拠としたため、その定義と範囲があいまいな状態に置かれていた。しかし冷戦後、ＩＣＴＹ、ＩＣＴＲ両規程において再定義され、さらに国際刑事裁判所（ＩＣＣ）ローマ規程により初めて条約化された。

ＩＣＴＹ、ＩＣＴＲ両規程において、人道に対する罪とジェノサイドの違いは以下の二点である。第一に、ジェノサイドが四集団のみを特定の被害集団としているのに対し、「人道に対する罪」は「文民」（一般住民）を対象とした点。第二にジェノサイドが、明確な「意図」を犯罪の認定要件としたのに対し、「人道に対する罪」にはそのような意図が要求されない点である。

ＩＣＣ規程においても両者の違いは同様であるが、加えて「人道に対する罪」は、文民たる住民に対して行われる「広範なまたは組織的な攻撃の一部として、そのような攻撃であることを了知して行われる行為をいう」（第七条）とされた。具体的な行為としては、殺人、奴隷化、住民の追放、拘禁、拷問、強姦などの性的暴力、迫害、強制失踪、アパルトヘイトなどである。

戦争犯罪（戦争の法規慣例違反）

ＩＣＣ規程に沿って概観する。ＩＣＣが管轄権を有する戦争犯罪は、戦争犯罪のうち、「計画もしくは政策の一部として、または大規模に行われたそのような犯罪の一部として行われるもの」である。同規程によれば、戦争犯罪とは、国際的な武力紛争については、一九四九年のジュネーブ諸条約に対する重大な違反行為（grave breaches）と、国際的な武力紛争に適用される法規および慣例の著しい違反（serious violations）を、非国際的な武力紛争については、一九四九年のジュネーブ諸条約の共通第三条に対する著しい違反行為および非国際的武力紛争に適用される法規および慣例の著しい違反行為を指すものである（第八条）。

なお、ＩＣＣが管轄権を有する「国際社会全体の関心事である最も重大な犯罪」は、ジェノサイド罪、人道に対する罪、戦争犯罪と、侵略犯罪である。

侵略犯罪とは、ＩＣＣ規程によれば、国家の政治的または軍事的行動を実質的に管理しまたは指示する地位にある者による侵略行為の計画、準備、開始または実行をさし、その性格、重大性および規模に照らして国連憲章の明白な違反を構成するものをいう（第八条の二）。

【コラム⑧】　人道援助要員の「人間の安全保障」

二〇一九年一二月四日、アフガニスタン東部で大変に痛ましく衝撃的な事件が発生した。ナンガルハル州ジャララバードで、現地の水路整備に尽力してきたNGO「ペシャワール会」の中村哲医師（七三歳）が武装集団に銃撃され、地元の運転手・警備員計五人とともに殺害されたのだ。「エイドワーカー安全報告書」によれば、二〇一九年の人道支援要員の犠牲者数は過去最多。シリア、南スーダン、DRCコンゴ、アフガニスタン、中央アフリカ等で発生した二七七の事件により、四八三人が被害を受けた（死亡一二五人、負傷二三四人、誘拐一二四人）。

過去一〇年（二〇一〇年～一九年）の総計では、一八八四の事件が発生し、一一二七人が死亡、一二八三人が負傷、一〇二三人が誘拐を経験した。所属別では国際NGOが最も多く四七％、次いで地元NGO及び赤十字・赤新月社三〇％、国連機関一九％、赤十字国際委員会四％である。外国籍の国際スタッフが標的にされる例は後を絶たないが、被害者の圧倒的多数は現地職員である（八九％）。

現地コミュニティとの信頼関係の構築が安全管理の最善の策とされるが、どれほど地元に受け入れられようと防げない事例もある。援助団体はそれぞれの現場で、自身のマンデートと取りうるリスクを勘案しながら、危機管理対策を講じつつ対処している。他方国際協力一般で、現場での最も多い死亡事由は、交通事故、次いでマラリア等の熱帯病であり、要員の安全確保のためには総合的な安全管理・危機管理が必要である。

（出典：Humanitarian Outcomes［2020］*Aid Worker Security Report 2020*, August 2020）

第8章　東日本大震災と「人間の安全保障」

二〇一一年三月一一日、午後二時四六分。宮城県三陸沖を震源とする世界最大級、マグニチュード9・0を記録する大地震が、東日本全域を襲いました。岩手県から茨城県沖合の長さ五〇〇キロ、幅二〇〇キロの三つの震源域が連続して大きく滑った結果です。続いて、発生した津波は、その高さも破壊力も、私たち人間の想像をはるかに超えたものでした。二〇二〇年九月一一日現在、警察庁のまとめによれば、死者数（直接死）は一万五八九九名、行方不明は二五二八名。東日本大震災発生後、寒さやストレス、長引く避難生活から体調を崩したり、けがが悪化するなどして亡くなった震災関連死は二〇一九年九月末現在で三七三九名に上ります（復興庁まとめ）。震災関連死と合わせると、東日本大震災の死者・不明者数は二万二〇〇〇人を超す計算です。これほど多くの方々が、三月一一日に突然、人生を奪われたのです。

大規模な自然災害は、その社会が構造的に抱えていた潜在的問題を可視化させる、あるいは可視化させる契機になると指摘されています。東日本大震災も、日本社会が構造的に抱えてきた、あるいは明治の近代化以降、日本が抱えてきたさまざまな、しかし可視化されてこなかった問題に光を当てたといえるかもしれません。「人間の安全保障」も従来の安全保障概念では見えてこなかったさまざまな問題を可視化させ、社会が抱えてきた課題や問題を新たな視点で発見させる概念です。本章では、そうした人間の安全保障の視点を取り入れつつ、東日本大震災があらわにした課題を、主に、被災者の支援活動に携わってきた者の立場から述べていきたいと思います。

1　弱者に集中・しわ寄せされる被害

日本の人口構造と高齢者の高い死亡率

東日本大震災は災害の規模の点で、未曾有のものでした。この災害を犠牲になった方々の年齢別の構成からみると、また別の側面が明らかになってきます。日本の総人口は、二〇一〇年一〇月一日現在、一億二八〇六万人でした。六五歳以上の高齢者人口は、過去最高の二九五八万人（前年二九〇一万人）となり、総人口に占める割合（高齢化率）も二三・一％（前年二二・

七%）でした。

日本はもともと、世界で最も高齢者人口の占める割合が高い国です。二〇一一年に発表された世界保健機関（WHO）の統計（二〇〇九年時点）によれば、六〇歳以上の人口が占める割合の高い順でみると、日本が三〇%で一位です。これは、二位のドイツ、イタリア、サンマリノより4ポイント高く、過去一〇年間に地震やハリケーン、津波、サイクロンなど大きな自然災害に見舞われてきた、アメリカ（三八位、一八%）、スリランカ（六〇位、一二%）、ソマリア（一七〇位、四%）、タイ（六五位、一一%）、中国（六〇位、一二%）、インドネシアおよびトルコ（七七位、九%）、ハイチ（一一八位、六%）、パキスタン（一一八位、六%）、バングラデシュ（一一八位、六%）、フィリピン（一〇一位、七%）、ミャンマー（九一位、八%）などの国々と比較しても際立って高いことがわかります。東日本大震災は、世界の歴史上、被災者に占める高齢者の割合が最も高かった災害なのです。

犠牲になった障がい者

高齢者同様、高い死亡率を記録したのは、障がいのある方々です。東日本大震災で被害が最も大きかった東北三県の沿岸部自治体で、身体、知的、精神の各障害者手帳の所持者のうち犠牲となった人の割合が、住民全体の死亡率に比べ二倍以上高かったことが、毎日新聞やNHKの調査で明らかとなったのです。

毎日新聞の調査は二〇一一年一〇月に、三県の沿岸部のうち、犠牲者が出た三五の市町村を対象に実施され、「障害者の死者数を把握できない」として数値の回答がなかった仙台市と岩手県の陸前高田市を除く三三市町村（宮城一四、岩手九、福島一〇）が回答しました。この三三市町村の死者は調査時点で計一万三六一九名。全人口に占める割合は約〇・九％でしたが、身体、知的、精神の各障害者手帳を所持する人（計七万六五六八名）に限ると、犠牲者は一五六八名で死亡率は約二％に達していました。

とりわけ障がい者が亡くなる率が高かったのは宮城県の沿岸部です。五九九名の障がい者が亡くなった石巻市では、全人口に占める死者の割合は一・九六％、他方で障害者手帳保持者の死亡割合は、七・四七％に上りました。人口の七・〇一％もの方が亡くなった女川町では、障害者の死亡率はその二倍近い一三・八八％。特に避難警報などを聞くことのできない聴覚障がい者の死亡率は二二・五％、動くことのできない肢体不自由者の死亡率は一八・四五％に上りました。同様の傾向は、南三陸町においても顕著で、人口に占める死者の割合は三・八二％、障がい者の死亡率は八・二四％、視覚障がい者は一四・二九％、聴覚障がい者が九・四六％、肢体不自由者は一一・一七％に上りました（ＮＨＫ福祉ネットワーク取材班作成資料より）。

避難所においても、障がい者を取り巻く過酷な状況はメディアでもたびたび報道されました。そもそも、生き延びることができない障がい者の方々が、これほど多くいたという事実は、障がい者が置かれた過酷な現実を物語っています。自然災害は、あらゆる人に平等に襲いかかりますが、その被害は高齢者や障がい者といった社会的弱者に集中することが、途上国のみならず、先進国日本においても、まったく同様であることが東日本大震災を通じて明らかになったのです。

女性が負った負担

東日本大震災発生後、「ジェンダーと災害」という言葉がクローズアップされました。

高齢者や子ども、障がいのある方々、慢性病の治療が必要な方など、大規模な災害発生時に、必ず特別なケアが必要になる方々は大勢います。この点はある程度、共有されていても、人口の半分以上を占める「女性」が特別な支援や配慮が必要な弱者のカテゴリーに入る、という点については、異論をもつ方も多いでしょう。先にみたように、途上国やイスラム圏の国々で、女性が置かれた立場は、大変厳しいものです。他方で、「それは途上国の話。先進国、日本には関係ない」と考える方も多いのではないでしょうか。

東日本大震災でも、発災直後の、被災者全員が寒さと食糧難、燃料不足でまさに命の危険と隣り合わせの時期が過ぎ、ある程度支援物資が届き始め、本格的な避難所支援が開始されるころから、徐々に、ジェンダーに関連する問題が明らかになってきました。避難所の多くは、男性がリーダーとなり自主的に運営されており、女性の視点からみると改善の必要があってもなかなか発言できない、あるいは部外者がそうした女性のニーズを代弁しても「寝た子を起こすな」と男性リーダーから一蹴される、という事態が報告されました。

自治体に、生理用品やブラジャーやパンツといった女性特有のニーズに沿った物資が届いても、それを仕分けし配布するのは、女性の生理やこうした製品に対する知識や配慮のない自治体の男性職員が大半であったため、結局、そうした物資が届いていないのと同じ状況に陥ったこともありました。生理期間中の女性が一日に五、六個必要になる女性用生理用品を、若い男性職員が「足らなくなったら言ってください」と避難所の公衆の面前で一個ずつ配ったりしたためです。これはすべて筆者が直接聞いた話です。

仕切りも間仕切りもない避難所で、若い女性のすぐ横に男性が横たわるなど、プライバシーの確保が困難な問題もメディアで大きく取り上げられました。炊き出しや避難所で行われる調理も掃除も、多くの場合、自身も被災者である女性たちに任されました。自らの家の再建、家族の世話を行う上に、毎日何十人もの調理を行う生活が、短期どころか何ヵ月もの長期にわたり続くという過酷な状況に立たされました。

また、震災後は「絆」が強調されましたが、仮設住宅等への入居は、世帯ごとであったため、夫の家庭内暴力（DV）から逃れて、別々の生活を送っていた妻が、仮設住宅で再び同居を強いられ、震災のストレスでますます暴力的になった夫のDVの犠牲になる、といった事例も報告されました。

バングラデシュの事例を中心に、ジェンダーと災害研究を専門とする社会学者の池田恵子は、災害とジェンダー研究が、先進国、途上国を問わず、世界の被災地で明らかにしてきたこととして次の四点を挙げています。まず第一に、全世界的な傾向として、人的被害そのものに男女差があり、男性に比べ、女性がより多く犠牲になっていること。第二に、災害時にはジェンダーに基づく役割分担が強化され、女性の労働負担が増加し、また復興資源へのアクセスが不利になること。第三に災害後には女性への暴力が増加するなど、人権が守られにくくなること。第四に、女性は災害リスクを軽減するために多くの役割を果たし、回復力をもっている、という点です。

阪神・淡路大震災(一九九五年)の犠牲者六四〇二名の内、男性二七一三名に対し、女性は三六八〇名(不明九名)でした。東日本大震災でも、東北三県の犠牲者一万五七八六名の内、性別が判明した一万五七二二名の内訳は、男性が七三六〇名、女性は八三六二名でした(二〇一二年二月二九日警察庁のまとめより)。

2　東日本大震災が可視化させたもの

日本で発生した国内避難民問題

東日本大震災発生後、あらためて歴史を辿ると、日本は、大規模な地震と津波に繰り返し襲われてきたことがわかります。しかしながら、東日本大震災では、これまで数千年あるいは、数万年にわたり日本列島を襲ってきた自然災害と決定的に異なる点がありました。それは、これまでの巨大地震、巨大津波の時代には存在しなかった原子力発電所があったことです。

福島第一原発の事故の結果、福島県では、飯舘《いいだて》村、葛尾《かつらお》村、浪江町、双葉町、大熊町、富岡町、楢葉町、広野町、川内村の九町村で役場ごと、全住民八万人が避難対象となり、家も、学校も、土地も、田んぼも畑も、家畜も寺も先祖の墓も全て置いての避難を余儀なくされ、津波の行方不明者の捜索さえ不可能な事態となりました。また田村市、南相馬市、川俣町の三市町が一部警戒区域、計画的避難区域として指定され、先の九町村と合わせ九万五五八〇名の住民が政府から避難指示等を受けたことになります。また飯舘村の北に位置する伊達市霊山町《りょうぜんまち》と月舘町の一〇四地点が特定避難勧奨地点として指定され、ここに暮らす一一三世帯も避難を余儀なくされたのです。

政府から指示避難を受けた指示避難者と自主的に避難した自主避難者のうち、福島県外に避難した人の総数は、二〇一二年一一月一日現在、五万八六〇八名に達しました（復興庁調べ）。二〇一一年三月三一日時点の、二万二七九六名の約三倍近い数であり、震災前の福島県の人口約二〇〇万人の約三％にあたります。福島県の県外避難者の数は、宮城県の八一二〇名、岩手県の一六八一名（いずれも復興庁調べ）と比べても文字通り桁違いの人数であることがわかります。多くの住民が、放射能の情報も与えられないまま、自治体ごと、二次避難、三次避難、時に四次避難とあてのない漂流を続ける、世界の難民問題の次元で捉えても前例のない異常な事態に陥りました。第5章で紹介したカルドーは、国内避難民問題は現代の危機の典型的特徴であり、「人間の安全保障」を測る最も適した指標、と述べました。福島の状況は、まさに「人間の安全保障」の危機といえる状況です。

二〇一一年三月に、映画監督の宮崎駿が、記者会見で「原子力発電所の事故で国土の一部を失いつつある国」と発言しましたが、福島第一原発から二〇キロ圏内にある警戒区域、そして圏外にありながら、帰還困難区域とされた飯舘村長泥地区。まさに私たちの国は、平時に、日々何気なく浪費していた電気のために、国土の一部を失う事態に直面しているのです。しかも、福島県は東北電力の事業地域であり、東京電力の施設である福島第一原発で作られた電気は、首都圏や関東をカバーするものでした。

私たちが、当然のごとく消費してきた電力を生みだす原子力発電所が、平時に、そして半永久的に、原発周辺地域の住民の日常生活や将来を根底から破壊し、健康不安におとしいれ、町や家族を分断しています。福島第一原発事故は、私たちがとてつもない怪物と隣り合わせに暮らしていた、そして現在も暮らしていることを認識させる結果となりました。

一部の構成員に犠牲を強いる社会

日本は世界でも有数の豊かな国です。世界一の平均寿命を誇り、一人当たりの国民総所得

(Gross National Income) は、三万三四七〇ドル。世界一九位の数字ですが、世界平均の一万五九七ドルの三倍以上の値です（WHO、二〇一一年）。他方で、東日本大震災は、明治の近代化以降、日本が抱えてきたさまざまな問題と結びついている、という指摘もあります。日本全体としては、繁栄を誇りつつも、多数者の利益のために、必然的に存在する問題の影響や影の部分を、少数者や社会の一部の構成員に押し付けてきた社会でもあるということです。沖縄の米軍基地の問題、明治時代後期に発生した日本の公害の原点である足尾銅山鉱毒事件や、水俣病、そして原子力発電所の問題です。

原発は被曝労働を必要としています。放射能にさらされながら業務を行う被曝下請け労働者、あるいは原発被曝者ともいわれるべき人々が存在してきたのです。三月一一日の大震災発生以来、福島第一原子力発電所では、三〇〇〇人もの人々が事故の収束に向けた作業に携わっています。桁違いに高い放射線量にさらされながらの闘いですが、原子炉で働く人々が高い放射線量にさらされているのは、「事故後」の特別な事象ではありません。平時の、それも、定期点検や清掃作業の中で、原子力発電所で働く人たちは、高い放射線量にさらされてきたのです。「人間の安全保障」の視点からこの原発の問題を見直すと、エネルギー政策とは別に、そもそも一部の人の圧倒的な犠牲の上でなければ成り立たないシステムを私たちは容認し続けるのか、という視点が生まれます。海外、特に途上国に原発を輸出することは日本製の原発施設が他国の製品に比べ、いかに安全性に優れ、技術的に優位に立とうと、「人間の安全」が「保障」されない労働者を生み、あるいは、すでにある格差を利用して、さらにその格差を助長することにもつながりかねません。日本は東日本大震災の年、二〇一一年一〇月に原発輸出でベトナムとの間で合意、ほかにもトルコやインド、ヨルダンなどへの原発輸出が推進されようとしています。私たちは国内の原発問題のみならず、海外への原発輸出をどのように考えていくべきなのでしょうか。

官の領域を補完する市民団体の役割

三月一一日の発災以来、海外からは、一六三の国や地域、四三の機関から支援が表明されました。しかし受け入れたのは、二九の国・地域・機関から救助隊、六三の国・地域・機関からの救援物資、そして九三の国・地域・機関からの寄付金に限定されました。

日本は第二次世界大戦終結後一九六〇年代までの復興過程においては、米国や、世界銀行、ユニセフなどの国際機関から多くの支援を受け入れる「被援助国」でした。しかし、一九六六年を最後に、日本は世界銀行の借款から卒業し、その後は、債務の返済を行いつつも、主要な援助国として成長していきます。日本が世界銀行の債務を完済したのは、一九九〇年七月と、比較的最近のことですが、ODA実績は、七〇年代、八〇年代を通じて増加、一九八九年にはアメリカを抜いて初めて「世界最大の援助国」になりました。その後も一九九〇年を除き、二〇〇〇年までの一〇年間、日本は世界最大の援助国でした。その後、五位まで順位は落ちていますが、日本が世界有数の援助国であることに変わりはありません。したがって、三月一日の大震災そして、福島第一原発の事故が発生した際、日本政府は、ドナー国としての経験は豊富に持っていましたが、他方で、援助の受け入れ国としては経験のない国だったのです。

国連に対しても、日本はアメリカに次いで世界二位の拠出国です。しかも、国連が主導して行う、大規模災害時の支援活動にも多額の資金を供与してきました。それにもかかわらず、日本は、国際原子力機関（ＩＡＥＡ）や、発災直後の国連災害評価調整チーム（ＵＮＤＡＣ）や国連人道問題調整部（ＵＮＯＣＨＡ）など一部の例外を除き、国連を通じて行う支援を受け入れることはありませんでした。もちろん、これは日本に特有の現象ではなく、先進国である限り、どの国でも事情は同じでしょう。しかし、先進国であっても、災害規模が、自国の対応能力を超える際には、国連の支援やノウハウを受け入れる余地は残すべきです。

また、外務省、国際協力機構（ＪＩＣＡ）には、海外の大規模災害時の緊急支援や復興に直接関与し、あるいは国連などの国際機関への支援を通じて、大規模災害の救援・復興に知見のある省員、職員は数多くいたはずです。しかし、日本国民の知恵と経験を結集し、オールジャパンで当たるべき大災害の救援・復旧に、こうした人材や知見が生かされることもありませんでした。外務省もＪＩＣＡも、日本の法律で国内の業務には従事しないことが決まっているからです。東日本大震災の復興支援に関わったのは、海外の大災害と接点の少ない、内閣府をはじめとする他の省庁でした。

そうした中で、法律に縛られることなく活動できたのは、NGOやNPOをはじめとする市民団体、市民社会です。東日本大震災の支援に、大きな役割を果たしている市民団体の形態は、NPO法人や地元の社会福祉協議会、災害ボランティアセンター、青年会議所、ライオンズクラブやロータリークラブ、宗教法人などの組織化されたグループから、学校や企業の有志、町内会、医師、ネットワークをもつ個人などさまざまです。支援の最前線を担った、市町村などの自治体と連携し、大変重要な支援活動を展開しました。それぞれに持ち味や強みがありますが、とりわけ、発災直後の緊急時に、組織的な支援活動を展開したのは、これまで国内の自然災害では前面に出ることのなかった国際協力NGOでした。

緊急時に存在感を示した国際協力NGO

発災直後の緊急段階より、被災各地、各県の災害対策本部と連携して、いち早く緊急人道支援活動を展開したのは、国際協力を行うNGOの中でも、海外の紛争や自然災害の発生時に、緊急人道支援の経験と実績のある緊急支援型のNGOでした。

こうした活動が可能になったのは、海外での活動経験とともに、国内での活動を可能とする資金的裏付けがあったからです。国際協力NGOにこうした資金を供与したのは、外務省、経済界、NGOが一体となって二〇〇〇年に作った「ジャパン・プラットフォーム」という組織です。設立当初は、海外での緊急支援活動が主たる目的でしたが、行政機関とは異なり、国内災害にも柔軟に対応できる定款を作っていたため、発災直後に出動を決定。未曽有の大規模災害に対し、これまで海外の自然災害に資金を提供してきた数々の企業がジャパン・プラットフォームを通じて、日本の国際協力NGOに活動資金を供与したのです。その金額は、個人の方々のご寄付も合わせ、六九億円にも上りました。

政府の支援がいわゆる幹線で滞ったのに対し、その先の毛細血管を埋める役割もこうしたNGOが果たしました。また、人道支援に国際基準（Sphere Project）の視点を取り入れ、障がい者など災害弱者に特化した活動も緊急期から展開しました。まさに「人間の安全保障」の視点を生かした支援でした。これらは、職業として救援活動に従事するプロフェッショナルな職員と一定の支援者・財政基盤を擁するNGOの組織性と専門性があったからこそです。

さらに、日本のNGOに対しては、海外の財団、NGO、宗教組織、市民団体から多額の支援金が寄せられました。海外の赤十字・赤新月社から日本赤十字社へ、という従来の寄付金の流れとは別に、グローバルな市民社会をつなぐ新たな潮流の受け皿となったともいうことができます。

また、自治体による支援が、その性格上、自らの市町村に限定される中で、それを補完するように、市町村の境界を越えた支援、救援を行い、境界を越えた被災地域全体のニーズに沿って活動できたこともNGOの強みでした。

他方で、明らかな限界もありました。被災地で一定規模の活動を展開する一方で、すべてのニーズを満たすほどの規模はなく、海外の支援活動に特化した組織体制からくる限界もありました。国際協力団体として、外務省には認知されていたものの、他の省庁や被災自治体からは、がれきの撤去の支援を行う個人で入るボランティアと同一視され、組織的な支援活動を始める際の、初期の調整に貴重な時間が費やされる、災害派遣等の従事車両として扱われず、高速道路の通行許可が下りないなどの課題も残りました。

こうした課題を克服しつつ、今後発生が予想される大災害においても、国際協力NGOは国内での活動に特化したNPOや地元の組織と連携しつつ、緊急支援・復興支援の一翼を担うことになるでしょう。

先進国にとっての「人間の安全保障」概念の導入

東日本大震災は、「人間の安全保障」概念が、途上国のみならず、先進国にとっても非常に有効な概念であることを明らかにしました。「人間の安全保障」は当初より、世界共通の、あらゆる国家に該当する普遍的な概念とされてきました。しかし、先進・民主主義諸国では、「人間の安全保障」は十分に確保されている、という前提の下、対象はもっぱら、途上国とそこに住む住民でした。しかし、東日本大震災の被災地では、発災直後はもとより、復興過程においても、高齢者や障害者といった弱い立場にある人々への支援は十分とはいえず、女性やジェンダーへの配慮も不十分な態勢でした。

また、「人間の安全保障」の特徴は、その担い手が、国家だけではなく、市民団体、ＮＧＯ、ＮＰＯと多様である点です。東日本大震災は「官」や公的組織の力だけでは対処できない大災害でした。国や政府、自治体にしかできない対策がある一方で、それのみに頼っていては、日本国民の「人間の安全保障」は決して確保されません。今後、日本国内で発生が予想される大規模自然災害においては、まず国をあげた防災・減災の取り組み、そして被災者支援の最前線を担う基礎自治体のエンパワーメントが必要です。さらに、被災者の「人間の安全保障」の確保を第一に考える、被災当事者の方々の組織、民間団体が縦横無尽に動くことが不可欠です。

緊急期から復旧、復興期の長いプロセスのそれぞれに、物資の支援、心のケア、被災企業への融資などハードからソフトまで民が果たすことのできる役割は無数にあります。またその際、重複を避け、ギャップを埋める調整機能、調整役の存在が、大きな鍵になることはいうまでもありません。被災自治体、県、国といったさまざまなレベルで、またそれぞれの分野の調整に際し、「民」は重要な役割を担っていく存在です。

平和研究の第一人者であるヨハン・ガルトゥング（Johan Galtung）は、紛争の肯定的意義として、見えなかった問題を目に見えるように可視化させることを挙げました。問題が可視化されることはそれを乗り越え、転換し、平和を作り出すチャンスでもあるからです。東日本大震災は、実に多くの日本社会が抱える問題を可視化させました。しかし、ガルトゥング的に考えるならば、これは、私たち日本国民、日本社会にめぐってきた、課題を乗り越える大きなチャンスであるということもできます。「震災関連死」を含めて東日本大震災で亡くなられた二万二〇〇〇人を超える方々、被災した方々が失ったものはあまりに大きく、この災害を肯定的に捉えることはほとんど不可能に思える、難しい作業です。しかしそれでもなお、私たちはこの未曽有の危機を通して、前へ進むことができるのかもしれません。

第9章　「人間の安全保障」実現のために

古くて新しい「人間の安全保障」

国家ではなく、国民一人ひとりの安全保障を考えるという発想自体は、決して新しいものではありません。たとえば、「人間の安全保障」の重要な担い手であるNGOにとって、「人間の安全保障」は、まさにNGOがNGOであるための存在理由《レゾンデートル》です。これはNGOの活動のみならず、学問分野においても同様です。政治学者で思想家でもあった丸山眞男をモデルにした東大教授が登場する庄司薫の『赤頭巾ちゃん気をつけて』では、法哲学や政治思想史を、「要するにみんなを幸福にするにはどうしたらよいかを考えている」と大変分かりやすい言葉で紹介しています。

「人間の安全保障」が新しいのは、概念そのものではなく、それを国家自身が主導したこと、冷戦後、国連の場でも、国家の安全保障よりも文民の保護をいかに実現するか、という議論が積極的になされるようになった時代に登場したことです。

もちろん、国家が、「人間の安全保障」を唱えることにおいては、多くの異論が出ています。国家やその連合体である国連が、さらには欧米の先進国が、途上国の人々の安全を保障して「あげる」、保護して「あげる」という主体と客体を固定化する新たな植民地主義以外のなにものでもないという批判、あるいは、「能力強化《エンパワーメント》」、「オーナーシップ」という現地の人々の主体性を重んじる概念を持ち出しつつ、外の世界の普遍的価値を押しつけているという批判です。しかし、「人間の安全保障」は、こうした議論を逆転する可能性をも内包する概念です。

国家を相対化する「人間の安全保障」

「人間の安全保障」は、決して既存の主権国家システムを否定するものではありません。しかし、国家自身が国家というアクターを相対化し、安全保障を軍事から非軍事領域にまで広げ、その非軍事領域、つまりは「人間の安全保障」の分野を、国家以外の多様なアクターが活動する空間として積極的に認めたことは実は大きな意味があります。「人間の安全保障」を強調することは、国家以外の多様なアクターの役割を、補助的なものから積極的なものへと転換します。またここで登場するアクターは、国際機関、国連、NGOなどの市民社会組織や企業にとどまりません。

国際政治学者の武者小路公秀は、「人間の安全保障」の価値として、民衆、人民自身が反植民地主義の思想を表現する概念ともなりうると指摘しています。これは、在野の平和研究グループ「ピープルズ・プラン」の武藤一羊らがいう「民衆の安全保障」ともいうべき概念でもあります。非暴力主義を貫きつつ、人々の安全を守ることを国家の手に委ねるのではなく、人々が自ら行動を起こす、人々自身が自らの安全を守る主体となる「人間の安全保障」です。

一人ひとりの安全保障

これまでも国家は、名目上は、国民の安全を保障する存在でした。実際の理由はどうあれ、国民の安全を守るために、多くの国民の命や生活を犠牲にした戦争も行われてきました。しかし、ここで想定された安全を守るべき国民は、抽象的な意味での国民、総体としての国民であり、いかなる意味においても、一人ひとりの国民、女性や子ども、弱者までも射程に入れたものではありませんでした。

その意味で、国家が「人間の安全保障」を主張したことは、国民を抽象概念から一人ひとりの顔がみえる具体的な実体として意識したという意味でやはり新しい概念ということができます。「人間の安全保障」は、国家を前提とした「国民」という概念を後退させ、地球市民としての「人間」を前面に押し出したのです。

また、国際協力、開発の概念として、途上国や紛争下にある人々を念頭に置いて登場した「人間の安全保障」ですが、本書でみてきたように、先進国においても、必ずしもすべての人の安全が保障されているわけではないことは明らかです。こうした時に、「人間の安全保障」概念は、先進国に住む、「人間の安全保障」を保障されていない人々が、政府に対して、また自らの犠牲の上に立つシステムを享受している人々に対して異議申し立ての根拠や手段としても活用しうるものです。

周縁化された人々を意識化させる

再び、「人間の安全保障」の「人間」とは誰か、という議論に戻ります。

本書で繰り返し述べてきたことですが、「人間の安全保障」の人間とはすべての人です。援助の視点からは支援が届きにくい、高齢者や障がい者、女性といった社会的弱者に特に配慮を払うことになります。また先進国の安全保障においては社会の中で周縁化された少数者、原発や基地問題など社会の特定の課題のしわ寄せを受ける人々の安全保障も同様に考慮に入れる政策を取ることを政策決定者に要請する政策概念となります。また、こうした人々の存在を、選挙民であり消費者でもある国民に意識化させる概念でもあります。

「人間の安全保障」の対象は、今、現在を生きる人々のみならず、時空を超えて、未来や過去の人々の安全の保障にも着目させ、意思決定や政策決定に倫理的な行動や決断を要請するものです。高濃度の放射性廃棄物・核のごみが、一〇万年後の人類にまで脅威を与え続けるという事実を前にする時、原発は現在のエネルギー政策のみならず、未来の人間の安全保障の課題になります。また過去に時間軸を伸ばせば、過去に起きた人権侵害、人道法の違反、戦争犯罪などの真相究明や責任者に対する処罰は、すでにこの世にない死者、犠牲者の「人間の安全保障」を確保するための重要な政策課題にもなります。

危機管理・予防概念としての「人間の安全保障」

二〇一二年一〇月末日、筆者が当時諮問委員を務めていた国連中央緊急対応資金(CERF)の諮問委員会の席で、ヴァレリー・エイモス(Valerie Amos)人道問題担当国連事務次長(当時)が、こんなことを言いました。大干ばつが襲った西アフリカのサヘル地域(サハラ砂漠南縁地域)の子どもたちに対して「あの子たちが置かれている今の人道危機と呼ばれる状況は、実は、平時の状況と大差はない。しかしだからこそ、残酷な言い方かもしれないけれど、人道危機に陥らせず、脆弱な状態に止まれるよう、国際社会の食糧支援が必要だ。脆弱なその地点で踏み止まってもらって、そこから、なんとか回復してもらわなければ」。

まさに、人間の安全保障の考え方だと思いました。国際社会の援助により、人道危機に陥りそうな人たちが踏みとどまる地点は、かろうじて飢え死にしない程度の食糧と水、運がよければテント、最低限の治安。日本の基準からいえば、耐えがたい、あるいはありえない、想像さえ難しい状況かもしれません。

しかし、それでもなお、飢え死にせずに命をつなぎ、そこで踏みとどまれれば、人々に対する、また当事国政府や自治体に対するエンパワーメントにより、人々が立ち上がる可能性がある。エンパワーメントに教育が重要な役割を果たすことはいうまでもありませんが、その手段や方法は地域によりさまざまです。

「人間の安全保障」は私たちがより慣れ親しんだ言葉でいうなら、セーフティー・ネット、シヴィル・ミニマムと言い換えられるかもしれません。

また、「人間の安全保障」は、先進国でも途上国でも、どこでもいつでも人間は、落ちる可能性がある、という発想に立った概念です。一生懸命、誠実に生きていても、経済危機、失業、大地震、津波、干ばつ、交通事故、病気、伝染病、けが、そして二〇二〇年の新型コロナウイルスと、人間に襲いかかる災厄の種は尽きません。そして多くの場合、それらは、何の前触れもなく、突然やってくる。その落ちていく人を何とかぎりぎりのラインで食い止め、能力開発をして、立ち直ってもらおうというプロセス。開発が、人が上に上っていくことを想定した限りなく前向きなプロセスであるとしたら、「人間の安全保障」は人が落ちていくことを想定し、その落ちていく人を救おうという、どちらかといえば、かなり後ろ向きの議論です。しかし、それは、守りの後ろ向きでは決してない、攻めの守りです。「想定外」という発想もありません。「人間の安全保障」は、あらためて、そうしたことに気づかせてくれます。

「人間の安全保障」は、また予防の概念でもあります。東日本大震災と、福島県の方々の、とてつもない、そして取り返しのつかない犠牲を伴う福島第一原子力発電所の事故を受けて、原発の安全性が議論されるようになりました。私自身も今回の事故後に、原発の稼働には、事故時はもとより、通常の定期的な安全点検の際に、原発作業員の方々が一定の被曝を強いられているという現実を恥ずかしながら初めて知ることになりました。平時の状態から、誰かに一定の被曝を強いる状況でしか稼働しえない原発の仕組みと、その被曝を強いられる誰かの「人間の安全保障」について考えることができていれば、原発の安全管理、危機管理体制は、現在とは違ったものになり、今回の福島のような事態は避けることができたのではないかと考えずにはいられません。「人間の安全保障」が予防概念でもあることの証左だと思います。

援助の実務概念・実践的アプローチ

またあらためて、「人間の安全保障」を分析概念／枠組みとしてではなく、援助の実践的な指針として捉えることの重要性を強調したいと思います。「人間の安全保障」の強みが発揮されるのはまさにこうした実践活動の文脈であるからです。『人間の安全保障委員会』報告書では、人道・政治・軍事・人権・開発のそれぞれの戦略の均衡点を見極めることが必要であり、「人間の安全保障」の理論的枠組みこそが、こうした包括的取り組みに土台を提供できると主張しています。「人間の安全保障」は、今日、専門性を追求するが故に、マンデートやイシューごとに細かく分断、細分化され、それゆえ、人間を総体としてみる視点が欠如しがちな国際協力の現場で、それらを統合し、本来的な方法で人間の保護を可能にするものです。

このことを、国連事務局OCHA（国連人道問題調整事務所）の人間の安全保障ユニット課長を務めた田瀬和夫が非常に分かりやすい、明快な言葉で述べています。田瀬は、「人間の安全保障」とは、国際社会の「供給側の論理」に基づく援助の発想を逆転させ、「必要とする側」を土台として考え、定義しなおす方法論だと説明しています。つまり援助をする側の論理を出発点とするのではなく、危険にさらされている人々が安全、安心を感じられるためには、まず何が必要かを考え、これら現場のニーズと要求を土台にして既存の組織や専門性の仕分けにとらわれず、必要な支援の方法や形式を考える概念。そして、人々には自らの安全を守る能力が潜在的に備わっているということを前提に考え、人々の自助努力を助ける概念であるとしています。

これらの発想は、一般の読者の方には、しごく当たり前すぎる主張と映るかもしれません。しかし、援助の現場では、往々にして、援助する側の論理が優先され、ここで述べられたことは必ずしも実践されているとは言い難い状況があります。私たちの身近でも、患者より医者の都合が、教育現場で生徒より教師の都合が、市場で消費者より売り手・作り手の都合が、東日本大震災の被災地で、被災者より国の論理が優先されがちである、ということと同様と言えるでしょう。そうした傾向を、本来のあるべき姿に戻そうとするのが、「人間の安全保障」概念の特徴です。

平和研究との対話

第3章で紹介したとおり、「人間の安全保障」には、「人間」とは誰を指すのか不明である、という議論以外にも、さまざまな批判が向けられてきました。中でも決定的な批判は、「国家の安全保障」と「人間の安全保障」が対立した際にはどうするのか、誰かの「人間の安全保障」の確保が、他の誰かの「人間の安全保障」の確保を阻害する場合、あるいは両者が相対立する場合はどうするのか、という論点です。庇護を求める難民と受け入れを拒否する隣国や第三国がその典型例として挙げられました。

しかしながら、「人間の安全保障」と「国家の安全保障」が矛盾する局面、あるいは、誰かの安全保障を確保するための政策や行動が、別の誰かの命を脅かす場合、そうした対立的関係に、ゼロサム以外の視点を持ち込み、対話を促すのも「人間の安全保障」ではないでしょうか。二つの「人間の安全保障」が矛盾する際に、その矛盾を意識化、顕在化し、それを乗り越えようという営みを導入すること、自分（自国、自らのコミュニティ）以外の他者に対するまなざしを見直させる概念、平時の構造的暴力に光を当て、社会の周縁で苦しむ人を作らせない試みこそが、人間の安全保障の大きな特徴です。

3・11や新型コロナウイルスの世界規模の猛威を契機として、私たちは平時に「人間の安全保障」を阻害された人々がいかに多く存在し、その犠牲の上に生活を成り立たせながら、いかにその人たちの安全に無関心であったかを思い知らされたと思います。それらの人の安全の保障なしに、平時の平和は達成されません。平時に潜む構造的暴力を見直すためにも、「人間の安全保障」は再考され、活用されねばならない概念です。

市民社会の役割と責任

最後に、あらためて「人間の安全保障」の主体は誰か、という問いに立ち返りたいと思います。国家の安全保障を守る主体は、国家と軍隊でした。他方で、多様な「人間の安全保障」の脅威から人間を守る主体は、国家や軍隊のみならず、国連機関、国際機関、市民団体、NGO、消費者や選挙民としての私たち自身、そして「人間の安全保障」を阻害された人々自身です。

市民社会を構成する市民団体やNGOは、政府と異なりシングルイシュー（単一の課題）に特化した組織です。世界中、あるいは日本中のすべての問題に対処する民間団体は存在しません。しかし、だからこそ、多数決がものをいう民主主義の中でも、少数者や弱者の側に立つ市民組織が活躍できる空間があるのではないでしょうか。

第7章でみた「保護する責任」の主体も、「人間の安全保障」同様に、国家や軍隊のみならず、私たち市民社会です。

冷戦終結後の国際社会は、紛争やジェノサイド発生時の介入の手段や論理の構築に多大なエネルギーを費やしてきました。しかし、これまでの紛争やジェノサイドがそうであったように、一度始まった紛争やジェノサイドを他国の、あるいは国際社会の軍事力で、物理的に阻止することは不可能です。それを実現するには、介入する側にも、多大な犠牲を伴います。その上で、そうした軍事的介入を遂行するには、当事国政府の徹底した政治的意思と、自国の兵士がどれほど犠牲になろうと、この紛争・ジェノサイドは止めなければならないという、選挙民の広範な支持が必要不可欠だからです。自国の、いわゆる「国益」のための介入でなければ、あるいは「テロとの戦い」のためでなければ、国家がこのような犠牲を払うことは難しいでしょう。軍事的介入とはいかずとも、政治的調停にも長い時間がかかります。またそれが必ずしも成功するとは限りません。そうした調停者自身が、その紛争の終結を望まない勢力の、標的になる場合さえあります。

このように、一度始まった紛争やジェノサイドを止めるのは実現不可能であるからこそ、「予防」が決定的に重要なのです。

文化人類学者のナンシー・シェパー＝ヒューズ（Nancy Scheper-Hughes）は、文化人類学とジェノサイドの関係を考察した論考の中で、ジェノサイドの典型例のみならず、「小規模な戦争と見えないジェノサイド」をこそ探求すべきだと主張しています。その日常生活には、極端な形をとれば、ジェノサイドに発展しうる構造的な力学が、明白に表れており、この日常生活の中に存在する「ジェノサイドを招きうる連続性」に着目することこそが、自分たち文化人類学者がジェノサイドの予防に貢献できる分野だと述べています。ヒューズが例として挙げたのは、警察官による組織「死の部隊」に虐殺されたブラジルのストリート・チルドレン。そして、低賃金で働く職員。彼らがふるう組織化された暴力に、日々さらされ、その言いなりにされていく養老院の老人でした。ストリート・チルドレン殺害の実行者は、この殺害を「ゴミの除去」「道路の清掃」「都会の衛生」と呼んでいました。日本でも、あるいは他の先進国でも、いじめ、家庭内の暴力、職場でのハラスメント、性的な嫌がらせなどは深刻な問題です。私たちは、日常生活の中に存在する「暴力の種」「ジェノサイドの種」にも、異を唱えていかなくてはなりません。これも、私たち市民社会が、消費者として、選挙民として、同様に一人ひとりの市民として、「人間の安全保障」の領域で果たすべき役割ではないでしょうか。

第10章　二〇二〇年代の「人間の安全保障」

1　「人間の安全保障」を問い直す

「人間の安全保障」の今日的意義

「人間の安全保障」とは、「人びと一人ひとりに焦点を当て、その安全を最優先とするとともに、人びと自らが安全と発展を推進することを重視する考え方」（緒方貞子）です。

外務省は、「人間一人一人に着目し、人々が恐怖や欠乏から免れ、尊厳を持って生きることができるよう、個人の保護と能力強化を通じて国・社会づくりを進めるという考え方」と定義しています（『開発協力白書　日本の国際協力』二〇一九年版）。

ＪＩＣＡは、二〇一九年一〇月に発行した「新時代の「人間の安全保障」――ＪＩＣＡの取り組み」と題したパンフレットで「人間の安全保障」とは「人々の保護と能力強化を通じて、すべての人々が、恐怖と欠乏から免れ、尊厳を全うすることができる世界を創る」という理念だとしています。

第3章で、一九九四年にUNDPの『人間開発報告書』で「人間の安全保障」概念が初めてとりあげられた時代背景をたどりました。そこでは日本とカナダの違いは述べたものの、主に国際的な流れに焦点を当てていました。本章では、まず「人間の安全保障」の今日的意義を整理し、次に「人間の安全保障」概念が日本にとってどのような存在か、あるいはどのような存在であるべきか、難民問題をひきながら、考えていきたいと思います。

多様性に思いを馳せる

二〇二〇年春、コロナ禍が日々深刻さを増す中、四月二二日放送のNHK「おはよう日本」で、劇作家の平田オリザさんの「文化を守るために寛容さを」という非常に印象的なインタビューが放送されました。平田さんが発したのは、「人間の安全保障」の定義を思い起こさせる次のような言葉です。

もちろん命はみんな大事ですよね。それは守らなきゃいけない。だから当然自粛もしなきゃいけない。一方で、命の次に大切なものは一人一人違うんだと思うんです。音楽がなきゃ生きていけないという人もいれば、演劇で人生が救われた人もいれば、スポーツが生きがいの人もいる。何に救われるかは一人一人違うので、「あなたは必要ないかもしれないけれど、人によっては命の次に大切なんだ」ということをご理解いただければなあと。

「命の次に大切なものは人それぞれ、危機の時代に寛容さを」という心に響くメッセージです。第3章で紹介したとおり、人間の安全保障委員会によれば、「人間の安全保障」とは「人間の生にとってかけがえのない中枢部分を守り、全ての人の自由と可能性を実現すること」です。

では、「生」の中枢とは何か。実はこの肝心な部分が定義されておらず、そのため、「人間の安全保障」という概念はわかりにくい、という批判も多く寄せられます。ではなぜ、このような漠然とした定義が採用されたのでしょう。それは、国や社会によって、個人によって、その人の生にとって「かけがえのない中枢部分」が異なるからです。「人間の安全保障」はダイナミックな概念でなければならず、世界の全ての人にあてはまるよう、意図的に、漠然とした定義が採用されたのです。

広がる落差と格差

グローバル化が進展し、世界が物理的精神的に近くなるのとは対照的に、人間の置かれた状況の落差、格差は広がっています。

世界で単一ともいえる市場経済が張り巡らされ、通信技術も格段の進歩を遂げました。インターネットやスマートフォンは、世界の津々浦々にまで届き、最貧国と呼ばれる国々にも普及するようになりました。情報や特定地域の文化や流行が瞬く間に世界に広がり、ヒト、モノ、カネが世界中を行き交っています。航空網が発達し格安の航空券の入手が可能となった現在、国連世界観光機関（UN World Tourism Organization：UNWTO）によれば、世界中で年間一四億人以上の人々が、観光目的で国境を越えて旅行し、観光は世界全体のGDPの一〇％を占める世界最大の産業（輸出額一・六兆ドル、世界総輸出額の七％規模）となりました。

世界全体が均一化し、身近になる一方で、同じ人間という生物でありながら、生まれた国や地域により、また同じ国や地域の中でも、人種や民族、国籍、性別、性的思考あるいは性自認、職業、受けた教育、階層等により、その生活や豊かさの格差、落差は人類史上類を見ないほどに広がり、かつ多様化しています。一見、世界中の人々を均一かつ平等に襲うようにみえる自然災害も、本書で確認したとおり、その被害や対処策は均一ではありません。

さらに、以前から存在していたものの、意識されていなかった課題が、明確な形をとって現れるという現象が、代表的な民主主義国で発生しています。二〇二〇年の米国の大統領選挙で世界を驚かせたのは、敗北を認めないトランプ氏の振る舞いではなく、彼を支持する国民が七三〇〇万人も存在するという事実です。米国初のアフリカ系アメリカ人大統領となったオバマ前大統領や前政権への反発や揺り戻しもあったでしょう。しかし、こうした層が一朝一夕に出現したわけではないことは明らかです（筆者自身、学部生時代に交換留学生として滞在した米国中西部で実際に同様の言動を見聞きし、差別や偏見にさらされた原体験があります）。

ブレグジットを果たした英国の国民投票の結果も、英国が変質したのではなく、これまでグローバリゼーションの恩恵から取り残されてきた、半径数十キロ圏内で一生を過ごす圧倒的多数の英国人が意思表明をした証左なのだ、という議論もあります。これまでの米英の民主主義が、一部の層の意見しか反映していなかったのだとしたら、大統領選挙や国民投票を通じて私たちがみた両国の姿は、これらの国々の本来の姿、実態を反映したものともいえます。問題の可視化はそれを乗り越えるための第一歩というガルトゥングの言葉を第9章で引用しましたが、今後、これらの人々を巻き込んだ政治が果たして可能なのか、問われていくのだと思います。このような時代であるからこそ、「人間の安全保障」概念が再評価されるのではないでしょうか。

国家の断裂

本来国民を守るべき国家という形態そのものも、断裂の様相を呈しています。国民を保護する意思のない、あるいはその能力をもたない国家、国民の一部（他宗教、他宗派や他民族に属する人々、自らの支配に異議申し立てする人々）に対し、国軍や警察、治安部隊を用いて自ら危害を加え国外に追い出す国家が登場し、そこに付け入るかのようにイスラム国（ＩＳ）のような破壊的な非政府主体（Non State Actor：ＮＳＡ）が勢力を拡大しました。自らの支配に服従しない人々を凄惨な暴力により支配地の外に追いやる彼らＮＳＡは、多くの難民を生み出せば生み出すほど、またその手法が残忍であればあるほど、国際的なメディアを通じて報道され、自らの認知度も高まる状態を強烈に意識しています。ISが力を失っても、その思想はすでに世界中に広がり、個人を起点にテロ活動もやみません。

ここで発生した難民問題は、国土（領土）・国民・政府の三要件を基礎とし、厳格な国境管理に基礎を置く、主権国家体制への挑戦、あるいは主権国家体制を揺るがす危機としても語られます。主権国家体制のシンボルともいえる国境をめぐっては、二つの相反する強力な現象も発生しました。難民・移民を受け入れないと宣言し、巨額の税金を投じ、メキシコとの国境に物理的に巨大な壁を築いたトランプ前大統領が米国民のおよそ半数ともいえる人々の熱狂的な支持を受ける一方で、今、命の危険に晒され逃げ惑う人は、あたかも山から流れる水が小川になり、そして大河になるように、「国境」を押し流しつつ、欧州に流れていきました。

そもそも、人は移動する動物です。国境内での移動は（一部の地域や国家を除いて）基本的人権として保障され、いずれの国においても、周辺・辺境部から都市部、中央部への人の移動は必ず発生しています。迫害や差別、自然災害や極度な貧困のみならず、豊かな教育、よりよい就業機会、便利な都市生活を求めて人は移動します。その人口移動とともに近代国家は生産性を高め、都市は発展を遂げてきました。就業や教育の機会の確保という、一国内であればごくごく自然な、正当と認められる移動理由が、主権国家体制下では、国境を超えた途端に、犯罪や違法のカテゴリーに入ります。

近年、この主権国家体制に組み込まれないために、意図的に辺境で閉じられた生活をしていた人々の存在をめぐる研究も存在しますが、歴史に残るさまざまな帝国、その時代の「国際社会」とも呼べるようなまとまりや体制に共通する特徴は、共通の文化や文明に基礎を置いた点にあります。この意味で今日の国際社会も、その起源は、特定の時期の特定の社会、すなわち一七世紀のヨーロッパにあり、だからこそ主権国家体制はウェストファリア体制とも呼ばれます。こうした限定的な条件のもとで出発した仕組みが今日の地球全体を覆っている以上、その枠に入りきらない、あるいはその枠では解決しきれない問題の噴出はある意味当然の現象であり、難民・移民問題は、主権国家体制が世界規模で広がった時から、予測されていた問題なのかもしれません。

正解のない時代のための「人間の安全保障」

このように考えていくと、私たちの直面する問題や課題は、簡単に割り切れる、一朝一夕に答えの出る問題ではないことがうなずけます。

本書でみた事例から具体例を考えましょう。電気自動車や電動自転車は、地球温暖化に配慮した製品です。様々な電化製品、軽量化を競うタブレット端末やノートパソコン、スマートフォンは私たちの生活を利便で快適なものとし、もはやそれらなしの教育や仕事、生活は想像することさえむずかしくなってきています。しかし、そこに使われる部品、希少鉱物は、コンゴ民主共和国やその周辺地域から採掘されたもので、それらの利権をめぐって紛争は長期化し、その紛争を支える武器取引、採掘を支える強制労働や児童労働、子ども兵、女性が性器を物理的に破壊されるような凄惨な性暴力と切っても切り離せません。

激甚化した自然災害が日本をはじめ、世界各地を頻繁に襲い、その根本原因に地球環境の変化があげられるなか、二酸化炭素の排出量を減らすためのクリーンエネルギーの筆頭に原子力発電があげられます。しかし、今なお帰還困難地域を抱え、一定の被ばくを伴う労働者の方々の存在を知ってなお、原発を求める必要があるのでしょうか。

シリアをはじめ、アフガニスタンやソマリアなどから一一〇万人を受け入れたドイツでは、大規模なメルケル批判が発生し、極右勢力の台頭につながりました。

こうした二項対立に鮮やかな解決策は残念ながら見当たりません。しかし、対立や矛盾が自分の生活とつながったところで起きていることを明確に意識化することが重要で、正解のない、割り切れない問いだからこそ、それと向かい合うための視座を私たちは必要としているのではないでしょうか。私の安全保障とあなたの安全保障は対立するかもしれない。誰かの「人間の安全保障」の確保が、他の誰かの「人間の安全保障」を阻害するかもしれない。しかしそうした対立的関係に、ゼロサム以外の視点やまなざしを持ち込み、対話を促すことも、第9章でみたとおり「人間の安全保障」であり、ここにこそ、「人間の安全保障」概念の今日的意味もあると考えます。

2　「人間の安全保障」と日本

「人間の安全保障」で日本の課題に対処する

では、具体的にこうした「人間の安全保障」を日本の課題にあてはめていくとどうなるでしょうか。

まず、世界的課題であるSDGs推進については、その基本に「人間の安全保障」の考え方があることを知れば、全体の理解をより深めることにつながると考えます。東京・市ヶ谷にある「JICA地球ひろば」には、SDGsの理解を深めるために、一七の目標それぞれを歯車になぞらえた展示物があります。一つのねじを回すと、一七すべてのねじが回る仕組みですが、来訪者が、自分の関心のある目標のねじを回すと、歯車の回転がそれぞれ隣の歯車に伝わり、最終的にすべての歯車が回る仕掛けです。まさに「人間の安全保障」の考え方と共通ですが、SDGsが掲げる目標一つひとつが独立して存在するわけではなく、相互に関連しいずれもがつながっていること、そうした理解があってはじめて、誰一人取り残さない形でゴールを目指すことができることに気づかれると思います。

同様に重要なのが、このSDGsが掲げる数々の目標が、私たちの生活に直結する地球の温暖化対策のみならず、貧困や教育、ジェンダーなど日本国内で論議の的になる事象にも当てはまることです。SDGsは日本国内に住むあらゆる人を対象にしていることが、「人間の安全保障」のレンズを通してみると明らかになると思います。

それは例えば、難民の受け入れや、入管収容施設に収容されている外国人、外国人労働者の問題です。一般に、どれほどの規模で、どのような人間を、どのようなステイタスで受け入れるかは、受け入れ国の国としての在り方を問い、規範や価値観を体現する重要課題です。

ドイツの難民政策

誰を難民として認定するかは、難民出身国との関係を含め、外交政策と高度にリンクする、すぐれて政治的な問題でもあります。しかし、私たちが難民問題や難民の受け入れを考えるとき、ある種の理想形として脳裏をよぎるのは、シリア難民(全体の四二%)を中心に一五〇万人もの難民を受け入れて、トルコ(三九〇万人)、コロンビア(一八〇万人)につぐ、世界第三位の難民受け入れ国となったドイツの姿ではないでしょうか。

トルコもコロンビアもそれぞれ、二〇一九年度の世界最大の難民発生国であるシリア(難民数六七〇万人)とベネズエラ(同四五〇万人)の隣国です。シリアから欧州へは一部の海域を除き陸続きの移動が可能であるとしても、欧州の一国としては、けた違いの受け入れ人数です。いうまでもなく、ドイツがこうした位置を占めるにいたった理由は、アンゲラ・メルケル首相の徹底したリベラリズムにあるといわれます。一九五四年、東西に分裂していた時期のドイツ連邦共和国（旧西ドイツ）のハンブルクに生まれたものの、プロテスタントの牧師であった父親がベルリンの教会に赴任、家族そろって旧東ドイツに移住することになりました。教会のすぐ横には知的障がい者の施設があり、メルケル氏も日常的に交流があったといいます。「メルケルは現実的な政治家だが、人間の尊厳にかかわることには原理原則を貫く。カリスマ的な牧師だった父親（著者注：ホルスト・カスナー）の影響を受けている」という新聞評が多くを語っています。

しかし、二〇一五年、大量のシリア難民の入国を認めたことで、ドイツは分裂の危機ともいえる状況を呈しました。多くの有権者がメルケル首相の人道主義的な政策を高く評価する一方で、特に東ドイツ地域では人々の不満や反発が強まり、右翼政党が台頭するきっかけにもなりました。二〇〇五年一一月に就任し、ドイツ史上初の女性かつ旧東ドイツ出身の首相として国民の高い人気を集めてきたメルケル首相ですが、二〇一七年九月に実施された連邦議会選挙においては、キリスト教民主同盟（CDU）／キリスト教社会同盟（CSU）は第一党を維持したものの戦後二番目に低い得票率となり、連立パートナーであった社会民主党（SPD）の得票率は史上最低を記録しました。他方で、反ユーロを掲げ、メルケル首相の寛容な難民政策を批判する「ドイツのための選択肢（AfD）」が初めて連邦議会に議席を獲得しています。二〇一八年一〇月、メルケル首相は州議会選挙での得票率大幅減という結果等を受け、会期末の二〇二一年までは首相職を続ける意向を示す一方、二〇一八年一二月のCDU党首選には出馬することをしませんでした。

ドイツと日本の比較

第二次世界大戦でともに敗戦国となった日本とドイツ、東京裁判とニュルンベルク裁判を経験した両国です。過去との向き合い方、そして戦後の経済大国への歩みと何かと比較されることの多い両国です。日本、ドイツともに、一九九二年のカンボジアの国連PKO・UNTACへの参加が、戦後初の地上軍の派遣であったことも両国の立場を象徴的にあらわしています。

他方でドイツは、第二次世界大戦後のはなはだしい労働力の不足を解消するために、早い時期から「ガストアルバイター（Gastarbeiter）」と呼ばれる外国人労働者を二国間協定を結んで次々に受け入れ、外国人の受け入れに関しては、日本とは別の道を歩んできました。協定の締結先は、最初にイタリア（一九五五年）、その後、スペイン、ギリシャ（ともに一九六〇年）、トルコ（一九六一年）、モロッコ（一九六三年）、ポルトガル（一九六四年）、チュニジア（一九六五年）、ユーゴスラビア（一九六八年）と拡大します。そのような大きな土壌の違いは持ちつつも、難民受け入れについて、日本はドイツの経験に大きく学ぶことがあるように思います。

難民の受け入れに関して、ドイツにあって日本にないものは何でしょう。まずは外国人労働者の受け入れの歴史、そこから生じた課題への対応力、そして、敬虔なキリスト者として倫理と人道的な視点を併せ持つメルケル首相の存在と、その決断を支え、支持した国民の信念・信条。もちろん、メルケル人気には、そうした資質もさることながら、個人的要因を指摘する声もあります。「安定、（元物理学者らしい）合理性、パニックにならない性格、自足」といった点で、それは「ドイツ人がそうありたい、という価値を体現している」ともいわれます。

反対に、日本にあってドイツにないもの、それは、まさに本書が主題とする「人間の安全保障」の視点であるように思います。もし、メルケル首相が難民受け入れに関して、「人間の安全保障」の視点、つまり、圧倒的な苦難の中にある人々に対する人道的な共感や連帯の意識とともに、人道的な難民受け入れ策によるしわ寄せを受けることになる人々に対しても、一定程度の理解と想像力があれば、異なる選択、異なる政策も可能で事態はきっと違ったものになったのではないでしょうか。

とはいえ、日本でも、難民受け入れに、「人間の安全保障」の視点が生かされているわけではありません。筆者はここで、「人間の安全保障」の視点からの、難民受け入れ、特に第三国定住の受け入れについて議論をしていきたいと思います。本書で触れることができなかった、日本の難民受け入れの実情から入ります。

日本の難民受け入れ

日本には、現在三つの類型の難民と呼ばれる人がいます。

第一に、一九五一年の「難民の地位に関する条約」（難民条約）に定義された難民の要件に該当すると判断された人で「条約難民」と呼ばれます。難民条約第一条で定義された難民の要件は、次のとおりです。

（a）人種、宗教、国籍若しくは特定の社会的集団の構成員であること又は政治的意見を理由に、迫害を受けるおそれがあるという十分に理由のある恐怖を有すること

（b）国籍国の外にいる者であること

（c）その国籍国の保護を受けることができない、又はそのような恐怖を有するためにその国籍国の保護を受けることを望まない者であること

ある外国人が難民条約に定義された難民に該当するか否かの判断（難民の認定）は法務省の出入国在留管理庁が行っています。一九八二年の難民認定制度導入から、二〇一九年までの申請数は八万一五四三人で、うち難民と認定された人は七九四人、難民と認定しなかったものの、人道上の配慮を理由に在留を認めたものは二六六五人となっています。

第二の類型はインドシナ難民と呼ばれる人々です。一九七五年のベトナム戦争終結と相前後し、ベトナム、ラオスで社会主義政権が発足、カンボジアでは内戦に勝利したポル・ポト派の恐怖支配の間におよそ一七〇万もの国民が虐殺や飢饉等で命を落とす事態が発生。その支配や

混乱を逃れて、多くの人々が、ボートや陸伝いに徒歩で国外へ脱出しました。これら三ヵ国からの難民を総称して、「インドシナ難民」と呼んでいます。一九七八年から受け入れが終了した二〇〇五年末までの定住受け入れ数は、一万一三一九人です。

第三の類型が本書第6章でみた第三国定住です。第三国定住とは、難民キャンプ等で一時的な庇護を受けた難民を、当初庇護を求めた国から新たに受け入れに合意した第三国へ移動させることで、難民は移動先の第三国において庇護、あるいはその他の長期的な滞在権利を与えられることになります。国連難民高等弁務官事務所（UNHCR）は、第三国定住による難民の受け入れを各国に推奨してきました。第三国定住による難民の受け入れは、難民問題の恒久的解決策の一つであり、難民問題に関する負担を国際社会において適正に分担するという難民グローバル・コンパクトの観点からも重視されているからです。

日本が「難民に冷たい」と見られる理由

「難民を受け入れない日本」「難民に冷たい日本」として、また他国の努力に「ただ乗り」していると国際社会から日本が批判されるのは、特に第一、ついで第三類型についてです。

二〇一七年度のUNHCRの調査では、各国の難民認定審査において、何らかの国際的な保護が付与される難民の庇護率は四九％でした。もちろんデータを提供しない国もあり、この数字はあくまでも目安です。しかし年間一〇〇〇件以上の難民認定審査をする国で、庇護率が一〇％を切る国として挙げられたのは、ガボン、イスラエル、日本、パキスタン、韓国の五ヵ国です。このうち「年間一万二九〇〇件の難民認定審査のうち、何らかの庇護が付与された件数は一〇〇件を下回り、結果として庇護率は一%を切っている」とUNHCRから名指しで批判されたのが日本です。

庇護率の世界平均が五〇%前後の時代のこの数字は、突出しています。日本がUNHCRにとってのドナー国として多額の資金援助はしていても、国際社会全体の負担が増す中で、難民受け入れについては、日本はフリーライダーという批判も絶えません。

しかし、難民庇護率が世界最低水準の「一%以下」という現実の裏には明確な理由が指摘できます。

二〇一七年度の日本の難民認定申請者の国籍は八二ヵ国におよびます。この年、世界の難民出身上位五ヵ国はシリア（六三〇万人）、アフガニスタン（二六〇万人）、南スーダン（二四〇万人）、ミャンマー（一二〇万人）、ソマリア（九八万人）であり、これら五ヵ国に世界の難民の約七割が集中していました。他方、この二〇一七年度、日本に難民申請した人々の出身国はフィリピン、ベトナム、スリランカ、インドネシア、ネパールという、世界の難民発生国とは無関係のアジアの五ヵ国で、申請者総数の約七割をしめています。世界の難民上位五ヵ国からの申請者はわずか三六名、全申請者の〇・一八%にすぎません。世界と日本で、申請者の国籍に明らかな乖離がみられるわけですが、ではこの落差はいったいどこからくるのでしょう。

日本の難民認定制度

最大の理由は、日本の申請者の多くが難民条約に規定された難民ではなく、ブローカーにあっせんされた就労目的の申請者とみられる点です。現在は法改正がなされていますが、審査期間中の難民保護のために設けられた難民認定制度を利用（悪用）すれば、たとえ、難民条約の定義に合わない申請者であっても、ブローカーに指南された理由を申し立てて難民として申請すれば、少なくとも審査期間中、合法的に就労が可能でした。しかし、これだけ多数の外国人が、難民認定制度を利用して就労しようとする背景には、そうした外国人の労働力がなければ成立しない、日本の産業界、労働市場があります。その意味で、私たち日本人はこれら労働者の「共犯者」ともいえますが、しかし、こうした認定制度の「濫用者・悪用者」が、難民認定率の分母の圧倒的多数を占め、庇護率、認定率を下げているという実態が世界最低水準の庇護率の第一の理由です。

現在は制度が変更され、状況は一定の改善をみています。しかしながら、ＵＮＨＣＲによる批判を、あながち不当と言い切れない現実も、厳として存在します。そもそも、避難先として日本の人気は低く、日本を目指す難民は決して多くありません。島国である地理的特殊性や、難民の発生国からの物理的距離、英語が通じず、難民に冷たいという評判からですが、そもそも女性や子ども、お年寄りなど、もっとも保護されるべき人々は、国境をこえて難民になることさえできずに国内にとどまっているか、隣国に難民として逃れられた人々でさえ、パスポートや高価な航空券など入手できる人はごく少数に限られます。こうして様々な苦難を乗り越えて、やっと辿り着いた少数の「真の難民」に対してさえ、認定が徹底して厳しいという実情が第二の理由です。

たとえばシリアのクルド人のストーリーはこうです。申請者はある団体に所属し、反政府デモに参加したため、自宅に警察が来訪した上、自身に逮捕状が出され、秘密警察から指名手配されたことから、またある部族長の血族の家系にあることから、帰国した場合、シリア政府の治安部隊、秘密警察、一般警察から迫害されるおそれがあると主張しました。これに対し法務省は、申立理由が、「申請者固有の危険性ではなく、デモに参加した人一般の問題」であり、「本国政府が同人を特定して（single out）」いるわけでもないとして異議申立を棄却したのです。これは諸外国であれば、十分に難民として認定される理由でしたが、難民条約に完全に合致する申請者のみを認定し、疑わしきは一切認定しないという日本政府（法務省）の立場が鮮明に表れているといえます。

難民認定審査と民意

難民条約は難民の定義やその権利、義務は明確に記していますが、認定の要件についての文言はなく、審査基準は各締約国の裁量に任されています。難民を「シロ」、難民に該当しない、認定審査の悪用・濫用者を「クロ」とする物差しが存在するとしたならば、日本の認定ラインは、完全な「シロ」以外は認めない厳格な運用制度で、こうした事情を裏付けるように、難民認定審査の結果、認定制度開始以来、一次審査で難民不認定とされたものの、不服申立をして、再審査の結果難民として認定された人数は、法務省の発表によれば一三七人に上ります。二〇一九年末までに条約難民として認められた七九四人の約二割、一七・三％を占めています。限りなく「シロ」に近いグレーは、「クロ」として徹底して排除しているのが日本の難民認定制度の実情ですが、いうまでもなくこうした政府の姿勢は、メルケル首相を支持したドイツ国民とは対照的に、日本の民意を反映した結果であるともいえます。

第三国定住制度

加えて、日本には第三国定住制度のあまりに低い実績があります。過去一〇年の統計をみると、第三国定住の最大受け入れ国は米国の五七万五六〇〇人（五五％）、次いでカナダの二一万六〇〇人（二〇％）、豪州の一一万四五〇〇人（一一％）、欧州全土でも一四万四〇〇人を受け入れています。

これに対して日本は、制度が始まった二〇一〇年から二〇一九年末までで一九四人です。難民を受け入れないという日本批判は、外国人労働者が多く含まれる単純な認定率のみを根拠とするなら、不当ともいえますが、厳しい認定審査やこの第三国定住実績を根拠にするなら、いかなる批判も甘んじて受けるしかない実態です。

日本のあるべき国際協力の指針

ここで問われるのが、日本という国の形や在り方です。日本国憲法前文にある「国際社会において、名誉ある地位を占め」ることは目標の一つにはなります。しかし、どのようにふるまうことで「名誉ある地位」を占めるのか。現在の日本には、国の形や在るべき姿、目指すべき指針を示す座標軸のようなものが存在せず、結果として、短期的な国益や、国際協力でありながら、内政をにらみ、選挙に勝てるか否か、いかに日本の負担を少なくするかといった損得勘定が判断基準になっているように見受けられます。

もちろんこれらは考慮すべき重要な要素ではあります。しかし、それは相対的な要素であるべきで、絶対的な基準であっては、国際社会の責任など果たせません。秤《はかり》の一方に「国益」があるとしたら、もう片方には、日本のあるべき姿を示す指針が厳としてあってしかるべきではないでしょうか。政党により、時の政権により、どちらにどれだけ寄るか、という幅はあって当然ですが、秤には、もう一方の錘《おもり》が必要です。

私は、仮に、日本でそうした概念として機能しうるものがあるとすれば、やはりそれは「人間の安全保障」ではないかと思います。

現在日本は、難民条約上の定義を厳格に適用し、シリア難民はじめ紛争から逃れてきた人をかろうじて、「人道的配慮」という形で「その他の庇護者」としてすくい上げているにすぎず、明確な枠を設けていません。しかし、日本独自に「人間の安全保障」を阻害された人を保護する「人間の安全保障枠」という基準を作り、積極的に難民に準ずる形の受け入れを提唱し、入管施設に収容されている人々の安全を保障することもできるかもしれません。遠い途上国や紛争地の課題を解決するための「人間の安全保障」ではなく、日本国内の、そして、日本に少数ながらやってくる人々を受け入れることにもあてはめる形で、「人間の安全保障」を活用することは、日本が応分の国際貢献をする一つの方法だと考えます。

もちろん、体制的にも、国民の心情としても、一度に何千、何万人という難民の受け入れは非現実的です。そうした現実味を欠いた規模ではなく、身の丈に合った受け入れ数、たとえ年間一〇人からスタートしようと、こうした哲学や展望に基づいた難民対策であれば、着実な広がりが期待できるはずです。

これをマラソンにたとえるならば、普段から長距離を走りなれている元陸上選手がドイツとするなら、日本はランニング経験の全くない初心者です。ともに四二・一九五キロの完走を目的に練習を始めるとするなら、ドイツのような選手は、いきなり二〇キロ走からスタートできるかもしれません。しかし日本のようなランナーは、まずは一キロから、あるいは早歩きから始めてもよいのではないでしょうか。そうであったとしても、漫然と目的もなく、走るのではなく、いつかマラソンを完走してみよう、という目的をもった走りならば、同じ一キロでも意味合いは全く違ってくるはずです。

また同時に、難民のみならず、日本で働く外国人労働者、技能実習生に対して、「人間の安全保障政策」を掲げ、その人権を保障する根拠とすることも、支援を講じることもできるのではないでしょうか。厚生労働省によれば、二〇一九年に事業主から届け出があった外国人労働者は約一六六万人。先のドイツの二〇一八年の在留外国人数は約一一〇〇万人です。受け入れた難民数の差に比して、日本の外国人労働者がいかに多いかが見て取れます。すでに日本は「移民社会」なのだ、という指摘もあります。

緒方貞子さんの遺志をつぐ

「人間の安全保障」概念を表すのに最適の、わかりやすい表現があります。

「過度な理想主義に走らず、現実との折り合いをつける能力」というものです。これは、UNHCRで緒方貞子さんを支えた補佐官の言葉として、読売新聞でジュネーブ特派員をしていた大内佐紀さんが紹介したものです。私はこれを緒方さんが具現化した、「人間の安全保障」の持ち味であると思います。

「人間の安全保障」は曖昧な概念として批判も受けます。しかし、西洋と異なり、白黒をはっきりさせることを好まず、「あいまいさ」が特徴の一つとするならば、「人間の安全保障」はまさにそんな日本にとって、格好の理念になりうるのではないでしょうか。残念ながら、ドイツに根付いたような信念や人道的な発想とは異なり、土着的な思想ではない「人間の安全保障」が日本の精神的支柱になることは不可能でしょう。しかし、理性的に選択する「理念的支柱」にはなりうると考えます。

緒方さんはUNHCR発足六〇年、日本の難民受け入れ三〇年の年に、インドシナ難民の支援をきっかけに生まれた日本の国際協力NGO「難民を助ける会」の創設者、相馬雪香《ゆきか》さん（1912〜2008）を例に出し、次のような印象的な言葉を遺しました（UNHCR駐日事務所発行『Refugees』六号、二〇一一年）。

相馬雪香さんは、「日本人には古来、脈々として善意が伝わっている。今こそこれを世界に示さなくては世界の信頼を失うことになる」といって発奮されたと聞いている。私たちが現在生きる相互依存の世界においては、個人の権利のみに注目するのではなく、国籍を問わず、より人道的に、より人間的に人々に思いを馳せ、行動することが必要である。まして、難民は、国家による迫害を受け、保護を必要とする人々なのである。

緒方貞子さんのこうした発想を具現化した「人間の安全保障」概念を、私たちは緒方さん亡き後の、理念的支柱として、掲げ、活用していくべきではないでしょうか。

あとがき

今日、世界には七〇億を超える人間が存在しています。置かれた環境、生きていくための、そして日常生活の選択の幅は、同じ「人間」という言葉でくくるのがはばかられるほど、極端に違っています。そもそも、人間とは一人ひとり、別々の性格や特徴をもった存在で、同じ「人間」という一語でくくること自体に、無理があるのでしょう。

「人間の安全保障」が想定する「人間」は、それ故、個別の人間というより、池田晶子さんいうところの「概念」上の人間であり、そうすることによって、あらゆる人々の「人間の安全保障」について考えようとしています。

しかし、同じ「人間」という言葉でくくれないほど多様な人間の「安全保障」を考えるわけですから、ことは非常に複雑です。だからこそ、「人間の安全保障」を考えるには、（自戒を込めていうのですが）まず、自分がもつ知識の限界や自らの無知を謙虚に自覚する必要があるように思います。自分が「知らない」世界がある、ということに気づき、そのことに関心をもっていなければ、自分が知らない問題がそこに存在していることに気づくことすらできません。

そういった意味で、自分が「知らない」ということを知り、認め、意識し、つねに「問い」をもち続けようとする姿勢が、「人間の安全保障」を考えるには、何より重要だと思っています。

「人間の安全保障」や世界規模の深刻な課題についてお話しすると、よく、「私たちに一体何ができるのですか」という質問を受けます。

何かできる人は、自分にできる身近なことから始めること。今、そういう状況にない人は、世界の動きにせめて関心をもち続けること。世界を変えることができないとしても、自分の無知を意識し、絶えず「ここ」ではない「どこか」にいる人々の生活や困難に思いを馳せ、想像すること。心のスイッチを入れ続けること。「ここ」ではない「どこか」は、過去の歴史であり、また未来です。長い歴史、そして広い世界の中で、なぜ自分が「今」「ここ」にいるのかという意味を問い続けること、私は、これらのことが、世界を変える一歩につながると信じます。

本書は、当初、筆者の前作であり専門書として出版された『スレブレニツァ―あるジェノサイドをめぐる考察』(東信堂)を一般書としたジェノサイド関連書の予定で、お話をいただきました。しかし日常の教務・業務と生活に追われ、二年近く全面停止状態に陥っている時、テーマを変え、「人間の安全保障」で書いてみないか、と声をかけてくださったのは、新たに筆者の担当編集者となった、中央公論編集部から新書編集部に異動されたばかりの太田和徳さんでした。太田さんの伴走、道を誤らないためのナビゲーションがなければ、言葉どおりの意味で、この本は完成しませんでした。章ごとの原稿をお渡しする際の雑談は、その取りとめのなさ故に、自由で伸びやかな気づきの時間でした。本書の不完全な部分の責任は全面的に筆者にあることはいうまでもありませんが、太田さんに心から感謝いたします。また最初にお声掛けくださった前任の郡司典夫さんにも心から御礼いたします。

そしてそもそも、中央公論新社との接点を作って下さったのは庄司薫先生です。難民を助ける会のチャリティ・コンサートに長年ご協力くださっている中村紘子先生を通して高校時代から憧れの庄司先生にお目にかかったのは、今から二一年前のことです。その庄司先生が、拙著『スレブレニツァ』出版の折に、中央公論編集部にご紹介下さったのが、そもそもの始まりです。あらためまして両先生に御礼申し上げます。

執筆の過程で貴重な助言を下さった方々、一人ひとりお名前を挙げることができませんが、本当にありがとうございます。

本書は、立教大学大学院21世紀社会デザイン研究科や同大学社会学部の「人間の安全保障」関連の演習や講義を基にしたものです。熱心に質問を寄せ、コメントカードにびっしりと、感想や思いのたけを書いてくれた皆さん、ありがとう。そのやりとりが本書執筆の原動力となりました。また、自由な雰囲気の中で教育や研究を可能にしてくださる、立教大学大学院21世紀社会デザイン研究科の萩原なつ子委員長、社会学部の間々田孝夫学部長、そして同僚の先生方、独立研究科事務室の皆さまにも御礼いたします。

また、紙幅の関係もあり割愛いたしましたが、当初は人道支援要員の安全管理に関する章を設けることを考えていました。近年の援助活動の現場では、国連や赤十字、NGOと立場を問わず、援助従事者が意図的な攻撃の犠牲になる場面が非常に増えているからです。東日本大震災でも、消防団、自衛隊、警察、自治体やさまざまな施設の方々が身体を張って職務を全うしました。また、ご家族や近所の方を救おうとして犠牲になった方々もおられます。本書は、「人間の安全保障」を守られることなく亡くなっていった多くの方々同様、他者の「人間の安全保障」のために命を落とした多くの方々に捧げたいと思います。

同様に、日本の「人間の安全保障」概念の生みの親のお一人であり、二〇〇六年以来五年近く一緒にジャパン・プラットフォームの共同代表理事をお務めいただいた日本国際交流センター前理事長、山本正先生（二〇一二年四月ご逝去）に、言葉に尽くせない感謝の思いとともに、本書を捧げます。

最後になりましたが、難民を助ける会の活動を通じて知り合った、東日本大震災の被災地の方々お一人おひとりに、そして筆者が復興会議顧問会議の委員を務める福島県相馬市の立谷秀清市長はじめ相馬市の方々に心から御礼申し上げます。筆者にとっては、これが祖国日本で起きていることなのかと、目を疑う惨状に際して、時に援助の手を借りつつも、被災地の方々が示して下さった、他者への思いやりと自ら立ち上がっておられるその姿勢は、「人間の安全保障」のエンパワーメントや、レジリエンスそのものでした。美談だけでは済まない、未曽有の災害と困難です。それに立ち向かう皆さまへの敬意をもって筆を擱きます。

二〇一二年一一月一〇日

地震被災者への支援活動中、トルコ・ワンで命を落とした
難民を助ける会職員の宮崎淳さんの一周忌に

長　有紀枝

増補版のためのあとがき

初版の刊行から八年が経過しました。八年という時間は、長い歴史から見ればまばたきにも満たない一瞬ではありますが、本書が扱った内容には方向の異なる二つの動きがありました。人間の安全を保障する動きと、阻害する動きです。

前者の筆頭は、SDGsの登場、そしてそれを推進しようとする多様なステークホルダーの関与や試みです。国家や国連・国際機関、NGOといった従来のアクターに加え、企業や自治体、教育・研究機関、学生団体、さまざまな地域団体などが、それぞれの持ち味を生かし、SDGsの提示する課題を自分事として捉え、学び、行動につなげています。

軍縮分野では、武器貿易条約や核禁条約が成立しました。核保有国や日本をはじめとする核の傘に守られた国々の不参加ゆえ、実効性を疑問視する声もあります。しかし筆者自身が深くかかわってきた対人地雷やクラスター爆弾の廃絶運動がそうであったように、一つの規範が誕生し、一定の国々の間で共有されたことは、やはりとてつもなく大きな意義があると考えます。

新型コロナウイルス感染症への対応についても、自国優先主義やナショナリズムの強力な発露がみられる一方で、官と民が連携してワクチンの研究開発と調達にあたるCOVAXファシリティという共同購入枠組みも誕生しました。「ワクチンと予防接種のための世界同盟（GAVI）」が新型コロナワクチンの公平な普及のために立ち上げた仕組みですが、低所得国もGAVIへの寄付金によってワクチンの入手が可能になります。

グローバル化が進行した現在、地球規模で問題を解決しない限り、完全な安心安全は手に入りません。しかし、自費でワクチンを賄えない途上国のためのこのような仕組みには、自国の安全確保の意味と同時に、「誰も取り残さない」というSDGsの考え方が息づいていると考えます。

他方で、人間の安全を阻害する動きも顕著でした。シリア紛争は混迷を深め、その度に新たな犠牲者が生まれ、未だ解決の糸口はみえません。二〇二〇年九月にはアルメニアが実効支配するアゼルバイジャンのナゴルノ・カラバフ問題が、一九九四年の停戦が崩れて再燃しました。日々深刻さを増す報道に接しながら、危機や混乱が常態化し、もはやニュースにさえならない国や地域が多数存在することに、慄然とします。

アジアにおける今世紀最大の人道危機といわれる、ミャンマーのラカイン州北部からバングラデシュに流入したイスラム系少数民族ロヒンギャ難民への対応は、まさに「人間の安全保障」の確保と阻害、双方をみる典型例です。国連世界食糧計画（WFP）の元アジア地域局長で、現在難民を助ける会の常任理事でもある忍足謙朗さんが、二〇一九年六月のシンポジウムで次のような発言をされました。

八〇万人もの難民が暮らし、「メガ人道支援都市」の様相を呈しているロヒンギャ難民キャンプが、現在「維持されている」ということ自体、国際人道支援システムが機能し、よく調整されている証拠である。これだけの数の人を死なせず、保護し、住居を提供し食べさせている。もちろん、細かな課題は山積しているが、国連もNGOもバングラデシュ政府も、そのことを誇りに思うべきだ。

忍足さんの指摘どおり、この事例は人道援助と開発支援をつなぐ「人間の安全保障」の実践の一つの到達点だと考えます。こうした支援が可能になったのは言うまでもなく、日本をはじめとするドナー諸国の支援があればこそ、です。しかし、その一方で緒方貞子さんが繰り返し力説されたように、人道援助が難民問題を解決することはありません。この状態が何年続くのか、出口はどこにあるのか――。ただ明らかなのは、ロヒンギャ難民に未来を提示できるのは、政治的な交渉と政治的な解決のみだという事実です。

さて、八年ぶりの増補改訂は、想像しなかったほどに困難を伴いました。二〇二〇年は、筆者が専門とするボスニア紛争中に発生したスレブレニツァの虐殺事件発生から二五年にあたります。そのため、事件に関係する書籍の執筆・編集や、加害者側であるボスニアのスルプスカ共和国政府が立ち上げた国際真実委員会の委員としての、時に心身ともに追いつめられる作業と同時並行で進んでいたこともあります。そして何より、限られた字数で多領域の八年分の変化を追うことは筆者の手に余る作業でした。何を取り上げ、何を取り上げないか、微妙なニュアンスを伝える助詞の選び方にも頭を悩ませ、気づけば数日かけてやっと数行ということも。朝日をみて茫然とすることもありました。

そんなわけで、増補版の編集担当・楊木文祥さんには、本当に文字通りのご迷惑をおかけしました。今回新たに加えた第10章の構成を含め、まさに二人三脚での伴走に厚く御礼申し上げます。そして、「中公新書のラインナップにあるべき本だと思うから」とこの度の増補改訂の機会を与えてくださった、初版の編集者で現書籍編集局次長の太田和徳さんに心から感謝いたします。

また、改訂の過程での問い合わせにご対応いただいた国連広報センター、外務省はじめお世話になりました皆さま、第3章で加筆した「尊厳」について貴重な意見をくださった峯陽一先生、ありがとうございました。しかしながら本書の文責はすべて筆者にありますことを申し添えます。

初版の発行以来、実に多くの皆さまのお世話になりました。初版をテキストや副読本に指定し、授業に用いてくださった多くの先生方、学んでくださった皆さん、ありがとうございました。人間の安全保障学会（JAHSS）、JICA緒方貞子平和開発研究所、立教大学の皆さま、「人間の安全保障」の実践に取り組む難民を助ける会（AAR Japan）とその活動を可能にしてくださる支援者の皆さま、お一人おひとりのお名前を記すことは叶いませんが、お顔を思い浮かべつつ、心から御礼申し上げます。そして、いつも最大の迷惑をこうむりながら支えてくれる家族に、感謝します。

東日本大震災の発生から一〇年、その後も被災地を台風や豪雨などの新たな災害が襲っています。復興顧問委員としてかかわらせていただいた福島県相馬市も例外ではありません。強烈なリーダーシップを発揮し、全国市長会長も務める立谷秀清市長はじめ相馬市の皆さま、またこの間、熊本や広島をはじめ、激甚化した災害に見舞われた被災地の皆さま、その災害対応と再生・再興に向けたご尽力と営みの一つひとつが今後の、日本のみならず世界の防災・減災、復興の知見として生かされていくことを願い、筆を擱きます。

二〇二〇年一一月　第二一回相馬市復興会議「顧問会議」の翌日に

長　有紀枝

墓田桂［2016］『難民問題―イスラム圏の動揺、EUの苦悩、日本の課題』中央公論新社
石田勇治・武内進一編［2011］『ジェノサイドと現代世界』勉誠出版
平野雄吾［2020］『ルポ入管―絶望の外国人収容施設』筑摩書房
蟹江憲史［2020］『SDGs（持続可能な開発目標）』中央公論新社
南博・稲場雅紀［2020］『SDGs―危機の時代の羅針盤』岩波書店
UNHCR［2020］Global Trends Report 2019
UNHCR［2018］Global Trends Report 2017
大内佐紀［2020］「追悼・緒方貞子さん　激戦地を駆けた決断のマダム」読売クォータリー2020冬号
長有紀枝［2016］「難民対策の根本に置くべき「人間の安全保障」の視点」Journalism 1月号
長有紀枝［2017］「21世紀の「難民問題」」国際問題6月号（NO.662）
長有紀枝［2017］「「人間の安全保障」概念を外交にどう活かすか」、東大作編著『人間の安全保障と平和構築』日本評論社
長有紀枝［2018］「難民が来ない国の難民鎖国　このままでいいのか？」世界12月号
長有紀枝［2019］「日本の難民対応を考える――「人間の安全保障」の視点から、あるべき政策の再検討を」公明1月号
長有紀枝・田瀬和夫［2015］「援助は一番大事なことはできない」国連フォーラム『国際仕事人に聞く　第18回：防災と人間の安全保障』

主要参考文献

警察庁ホームページ

第９章

緒方貞子［2011］「人びとを取り巻く脅威と人間の安全保障の発展」、『国際問題』No.603
田瀬和夫［2006］「人間の安全保障の概念及びその発展について」国連フォーラム勉強会第28回
大芝亮［2004］「国際機構と人間の安全保障」、高柳彰夫、ロニー・アレキサンダー編『私たちの平和をつくる―環境・開発・ジェンダー』法律文化社
高柳彰夫［2004］「序論　グローバルな諸課題―平和学の視点」同上所収
ピープルズ・プラン研究所編［2006］『九条と民衆の安全保障』現代企画室
勝俣誠編著［2001］『グローバル化と人間の安全保障―行動する市民社会』日本経済評論社
Nancy Scheper - Hughes［2002］“Coming to Our Senses : Anthropology and Genocide” in Alexander Laban Hinton ed. *Annihilating Difference: The Anthropology of Genocide, University of California Press*

第10章

NHK［2020］「今朝のクローズアップ「文化を守るために寛容さを」平田オリザさん」おはよう日本、４月22日
国連世界観光機関（UNWTO）駐日事務所ホームページ
James C. Scott［2009］*The Art of Not Being Governed - An Anarchist History of Upland Southeast Asia*, Yale University Press.（邦訳：佐藤仁監訳『ゾミア――脱国家の世界史』みすず書房、2013）
アンゲラ・メルケル著、フォルカー・レージング編、松永美穂訳［2018］『わたしの信仰―キリスト者として行動する』新教出版社
三好範英［2018］『メルケルと右傾化するドイツ』光文社
高野弦［2016］「メルケル首相　貫くリベラル支えるもの」朝日新聞デジタル、12月５日
宮島喬［2016］『現代ヨーロッパと移民問題の原点―1970、80年代、開かれたシティズンシップの生成と変遷』明石書店
宮島喬・佐藤成基編［2019］『包摂・共生の政治か、排除の政治か―移民・難民と向き合うヨーロッパ』明石書店
外務省ホームページ内「国内における難民の受け入れ」（2020年11月９日）
法務省出入国在留管理庁ホームページ内「我が国における難民庇護の状況等」、「令和元年における難民認定者数などについて」、「平成29年における難民認定者数などについて」
滝澤三郎・山田満編著［2017］『難民を知るための基礎知識』明石書店

最上敏樹［2001］『人道的介入―正義の武力行使はあるか』岩波書店
清水奈名子［2011］『冷戦後の国連安全保障体制と文民の保護―多主体間主義による規範的秩序の模索』日本経済評論社
稲角光恵［2008］「集団殺害罪（ジェノサイド罪）」、村瀬信也、洪恵子編著［2008］『国際刑事裁判所―最も重大な国際犯罪を裁く』東信堂
坂本一也［2008］「人道に対する犯罪」同上所収
真山全［2008］「戦争犯罪―犯罪構成要件文書を中心に」同上所収
Paul D. Williams and Alex J. Bellamy［2005］"The Responsibility To Protect and the Crisis in Darfur", in PRIO, *Security Dialogue* 2005 36(I)
長有紀枝［2009］『スレブレニツァ―あるジェノサイドをめぐる考察』東信堂

第８章

内閣府［2011］「平成23年版高齢化社会白書」
内閣府緊急災害対策本部［2011］「平成23年（2011年）東北地方太平洋沖地震（東日本大震災）について　平成23年12月27日」
厚生労働省［2006］「人口10万対医師・歯科医師・薬剤師数，施設・業務の種別・性・従業地による都道府県別」平成18年12月31日現在
POSSE［2011］『POSSE』vol.11「〈3.11〉が揺るがした労働」合同出版
日本障害者リハビリテーション協会［2011］『月刊ノーマライゼーション障害者の福祉』2011年11月号（第31巻　通巻364号）
大沢真理・堂本暁子・山地久美子編［2011］「『災害・復興と男女共同参画』６・11シンポジウム―災害・復興に男女共同参画の視点を―」東京大学社会科学研究所
Thomas A. Sebeok［1984］*Communication Measures to Bridge Ten Millennia, Technical Report, prepared for Office of Nuclear Waste Isolation Battelle Memorial Institute.*
ヨハン・ガルトゥング著、高柳先男他訳［1991］『構造的暴力と平和』中央大学出版部
内閣府男女共同参画局［2012］「男女共同参画の視点による震災対応状況調査（平成24年７月）」
みやぎの女性支援を記録する会編著［2012］『女たちが動く　東日本大震災と男女共同参画視点の支援』生活思想社
開沼博［2011］『「フクシマ」論―原子力ムラはなぜ生まれたのか』青土社
堀江邦夫［2011］『原発ジプシー―被曝下請け労働者の記録［増補改訂版］』現代書館
樋口健二［2011］『闇に消される原発被曝者［増補新版］』八月書館
内閣府ホームページ
復興庁ホームページ

エネルギー転換とビジネス」、東京大学教養教育高度化機構SDGsシンポジウム『SDGsが目指す世界——考えよう！　私たちの未来』
国立環境研究所［2020］『気候変動の複合的リスクに備える』

第6章

国連広報センターホームページ内「2030アジェンダ」
外務省［2020］『2019年版　開発協力白書　日本の国際協力』
Grameen Bank［2018］Performance Indicators & Ratio Analysis, December 2018
BRAC［2020］Annual Report 2019
UNHCR ホームページ内「難民に関するグローバル・コンパクト」
The Kimberley Process（KP）ホームページ
特定非営利活動法人ダイヤモンド・フォー・ピースホームページ
28 Too Many ホームページ
The Inter-African Committee on Traditional Practices Affecting the Health of Women and Children（IAC）ホームページ
世界基金ホームページ
OECD［2018］OECD Due Diligence Guidance for Responsible Business Conduct
UNDRR ホームページ
内閣府遺棄化学兵器処理担当室ホームページ
プリシラ・B・ヘイナー著、阿部利洋訳［2006］『語りえぬ真実—真実委員会の挑戦』平凡社
長有紀枝［2011］「国際法とNGO」、美根慶樹編『グローバル化・変革主体・NGO － 世界におけるNGOの行動と理論』新評論
長有紀枝［2008］「地雷対策」内海成治・中村安秀・勝間靖編『国際緊急人道支援』ナカニシヤ出版
環境省［2020］『令和２年版　環境白書』
外務省ホームページ
Global Footprint Network ホームページ

第7章

International Commission on Intervention and State Sovereignty（ICISS）［2004］*The Responsibility to Protect, International Research and Development Center*
UN［2009］Report of the Secretary-General, *Implementing the responsibility to protect*, A/63/677, 12 January 2009
UN［2005］Resolution adopted by the General Assembly, *2005 World Summit Outcome*, A/RES/60/1, 24 October 2005

立命館大学新聞［2019］「『性暴力のない世界を作りましょう』ノーベル平和賞医師に名誉博士号」10月18日、25日
岩附由香・白木朋子・水寄僚子［2007］『わたし8歳、カカオ畑で働きつづけて―児童労働者とよばれる2億1800万人の子どもたち』合同出版
キャロル・オフ著、北村陽子訳［2007］『チョコレートの真実』英治出版
西川潤［2008］『データブック貧困』岩波書店
UNAIDS［2020］FACT SHEET - WORLD AIDS DAY 2020
エイズ動向委員会［2020］「令和元（2019）年エイズ発生動向年報（1月1日～12月31日）」
WHO［2020］Global Tuberculosis report 2020
WHO［2019］World Malaria Report 2019
東京大学医科学研究所付属病院・感染免疫内科ホームページ
厚生労働省検疫所 FORTH ホームページ
山本芳幸［2001］『カブール・ノート―戦争しか知らない子どもたち』幻冬舎
UNODC［2020］Global Study on Homicide 2019 : Gender-related killing of women and girls
National Crime Records Bureau. Ministry of Home Affairs, India［2020］*Crime in India, 2018 Statistics*
スアド著、松本百合子訳［2006］『生きながら火に焼かれて』ヴィレッジブックス
キャディ著、松本百合子訳［2007］『切除されて』ヴィレッジブックス
内海夏子［2003］『ドキュメント女子割礼』集英社新書
UNICEF［2016］*FEMALE GENITAL MUTILATION/CUTTING: A GLOBAL CONCERN*
UNFPA［2020］*State of World Population 2020*
UN Women ホームページ
世界銀行［2012］『防災―災害に強い社会の構築』
The World Bank, GFDRR［2012］*The Sendai Report, Managing Disaster Risks for Resilience Future*
UNDP［2012］『強靭な社会づくりを開発の中心に―防災や回復力を高める復興への投資』
長有紀枝［2007］「地雷禁止条約の弱点を補完するNGOの役割」、金敬黙他編『国際協力NGOのフロンティア』明石書店
特定非営利活動法人 ACE ホームページ
アムネスティ・インターナショナルホームページ
WHO ホームページ
環境省［2020］『令和2年版　環境白書』
高村ゆかり［2020］「パリ協定が変える世界――ゼロエミッションに向かう

重田康博［2005］『NGOの発展の軌跡—国際協力NGOの発展とその専門性』明石書店）
長有紀枝［2011］「国際NGOの活動と難民・国内避難民の人権」、齋藤純一編『講座 人権論の再定位　第4巻　人権の実現』法律文化社
長有紀枝［2008］「NGOの視点からみた民軍関係の課題」、上杉勇司・青井千由紀編『国家建設における民軍関係—破綻国家再建の理論と実践をつなぐ』国際書院
長有紀枝［2003］「人道援助におけるNGOの活動—その役割、限界と可能性」広島市立大学広島平和研究所編『人道危機と国際介入—平和回復の処方箋』有信堂高文社
国際連合広報センターホームページ
外務省ホームページ
日本赤十字社ホームページ
IFRC ホームページ

第5章

黒崎卓・山形辰史［2003］『開発経済学—貧困削減へのアプローチ』日本評論社．
UNHCR［2020］Global Trends Report 2019
UNHCR［2011］World Refugee Day: News Stories, 20 June 2011
UNHCR［2011］『REFUGEES』6号「UNHCR60年の軌跡」
Mary Kaldor［2007］*Human Security:Reflections on Globalization and Intervention*, Polity Press,
Stockholm International Peace Research Institute［2020］SIPRI YEARBOOK 2020
Small Arms Survey ホームページ
US Department of State［2020］*Trafficking in persons report, 20th edition*
松本仁一［2004］『カラシニコフ』朝日新聞社
外務省軍縮不拡散・科学部［2016］『日本の軍縮・不拡散外交』（第7版）
レイチェル・ブレット、マーガレット・マカリン著、渡井理佳子訳［2009］『世界の子ども兵—見えない子どもたち』新評論
P. W. シンガー著、小林由香利訳［2006］『子ども兵の戦争』日本放送出版協会
後藤健二［2005］『ダイヤモンドより平和がほしい—子ども兵士・ムリアの告白』汐文社
U.S. Department of the Interior, U.S. Geological Survey［2020］*MINERAL COMMODITY SUMMARIES 2020*
独立行政法人石油天然ガス・金属鉱物資源機構（JOGMEC）［2020］『鉱物資源マテリアルフロー2019』

人間の安全保障委員会［2003］『安全保障の今日的課題』朝日新聞社（Commission on Human Security［2003］*Human Security Now: Protecting and Empowering People*）
栗栖薫子［2001］「人間の安全保障―主権国家システムの変容とガバナンス」、赤根谷達雄他編著『新しい安全保障の視座』亜紀書房
栗栖薫子［2002］「序論：安全保障研究と『人間の安全保障』」、『国際安全保障』第30巻第3号
栗栖薫子［2011］「現段階の『人間の安全保障』」、『国際問題』No.603「『人間の安全保障』と対外政策」、日本国際問題研究所
峯陽一［2011］「人間の安全保障と開発の哲学」同上所収
高橋哲哉・山影進編［2008］『人間の安全保障』東京大学出版会
篠田英朗・上杉勇治編［2005］『紛争と人間の安全保障―新しい平和構築のアプローチを求めて』国際書院
篠田英朗［2004］「安全保障概念の多義化と『人間の安全保障』」、広島大学平和科学研究センター編『IPSHU 研究報告シリーズ研究報告』No.31「人間の安全保障論の再検討」
福島安紀子［2010］『人間の安全保障―グローバル化する多様な脅威と政策フレームワーク』千倉書房
上田秀明［2000］「今、なぜ『人間の安全保障』なのか」、『外交フォーラム』138号
武者小路公秀［1998］「平和的生存権と人間安全保障」、深瀬忠一他編『恒久世界平和のために―日本国憲法からの提言』勁草書房
千葉眞［2005］「平和的生存権と人間の安全保障の再考」、国際基督教大学社会科学研究所、上智大学社会正義研究所共編『平和・安全・共生―新たなグランドセオリーを求めて』有信堂高文社
外務省ホームページ
Yoichi Mine, Oscar A. Gómez and Ako Muto［2019］*Human Security in East Asia: Assembling Puzzle*, Human Security Norms in East Asia, Palgrave Macmillan, pp.1-22
東大作・峯陽一［2017］「人間の安全保障の理論的なフレームワークと平和構築」、東大作編『人間の安全保障と平和構築』日本評論社

第4章

Thomas G. Weiss and Cindy Collins［2000］, *Humanitarian Challenges & Intervention*, Westview Press
Guidelines On The Use of Military and Civil Defence Assets To Support United Nations Humanitarian Activities in Complex Emergencies, March 2003（UN MCDA Guidelines）
ジャン・ピクテ著、井上益太郎訳［1958］『赤十字の諸原則』日本赤十字社

主要参考文献

UN［2018］国連分担金委員会報告 A73/11 UN Report of the Committee on Contributions, Seventy-eighth session（4-29 June 2018）および同委員会報告を踏まえた国連総会（第５委員会）決議 A/RES/73/271
国連平和活動局（DPO）ホームページ

第２章

アンリ・デュナン著、木内利三郎訳［1969］『ソルフェリーノの思い出』日赤出版普及会
奥脇直也・小寺彰編［1997］『国際法キーワード』有斐閣
田中忠「武力規制法の基本構造」、村瀬信也・奥脇直也・古川照美・田中忠著［1994］『現代国際法の指標』有斐閣
田中忠［1979］「戦闘手段規制の外観と内実」、『国際法外交雑誌』78巻３号
ジャン・ピクテ著、井上忠男訳［2000］『国際人道法の発展と諸原則』日本赤十字社
藤田久一［2003］『新版国際人道法（再増補）』有信堂高文社
真山全「陸戦法規における目標識別義務―部隊安全確保と民用物保護の対立的関係に関する一考察」、村瀬信也・真山全編［2004］『武力紛争の国際法』東信堂
柳原正治［2000］「いわゆる『無差別戦争観』と戦争の違法化」、『世界法年報』20号
国際法学会編［2001］『日本と国際法の100年　第10巻　安全保障』三省堂
松井芳郎［2004］『国際法から世界をみる―市民のための国際法入門』東信堂
山本草二［1994］『国際法（新版）』有斐閣
井上忠男［2003］『戦争と救済の文明史―赤十字と国際人道法のなりたち』PHP 研究所
Ann Fagan Ginger［1998］*Nuclear weapons are illegal: the historic opinion of the World Court and how it will be enforced, Apex Press*
モーリス・トレッリ著、斉藤恵彦訳［1988］『国際人道法』白水社
Leslie C. Green［2000］*The contemporary law of armed conflict*, Manchester University Press
H. Lauterpacht［1952］"The problem of the Revision of the Law of War", *British Year Book of International Law*
Yoram Dinstein［2004］The Conduct of Hostilities under the Law of International Armed Conflict, Cambridge University Press,

第３章

UNDP（国連開発計画）［1994］『人間開発報告書1994　日本語版』国際協力出版会

主要参考文献

序　章

WHO［2020］World Health Statistics 2020

日本ユニセフ協会［2019］『世界子供白書2019――子どもたちの食と栄養』

Wangari Muta Maathai［2004］"Nobel Lecture", Oslo, December 10, 2004

国連開発計画（UNDP）［2005］『人間開発ってなに？』

René Lemarchand［2003］"The Democratic Republic of the Congo: From Failure to Potential Reconstruction," in Robert I. Rotberg ed.,［2003］第1章参照

池田香代子著、C・ダグラス・ラミス訳［2001］『世界がもし100人の村だったら』マガジンハウス

開発教育協会［2020］『ワークショップ版　世界がもし100人の村だったら 第6版』

FAO, IFAD, UNICEF, WFP and WHO［2020］The State of Food Security and Nutrition in the World 2020

第1章

小和田恒・山影進［2002］『国際関係論』放送大学教育振興会

篠田英朗［2003］「『新介入主義』の正統性―NATOのユーゴスラビア空爆を中心に」、広島市立大学広島平和研究所編［2003］『人道危機と国際介入―平和回復の処方箋』有信堂高文社

ヘドリー・ブル著、臼杵英一訳［2000］『国際社会論―アナーキカル・ソサイエティ』岩波書店

石本泰雄［1998］『国際法の構造転換』有信堂高文社

田畑茂二郎［1991］『現代国際法の課題』東信堂

浅田正彦［1998］「国際法の歴史」、西井正弘編『図説国際法』有斐閣

最上敏樹［2006］『いま平和とは―人権と人道をめぐる9話』岩波書店

明石康［2001］『生きることにも心せき』中央公論新社

Robert I. Rotberg eds.［2004］*When States Fail - Causes and Consequences*, Princeton University Press

Robert I. Rotberg eds.［2003］*State Failure and State Weakness in a Time of Terror*, Brookings Institution Press

Gene M. Lyons and Michael Mastanduno eds.［1995］*Beyond Westphalia? State Sovereignty and international intervention*, Johns Hopkins University Press

Adam Roberts［1999］"The role of humanitarian issues in international politics in the 1990s", International Review of the Red Cross, No.833

長 有紀枝（おさ・ゆきえ）

1963年生まれ．早稲田大学政治経済学部政治学科卒業．同大学院政治学研究科修士課程修了．東京大学大学院総合文化研究科「人間の安全保障」プログラム博士課程修了．博士（学術）．1991年より国際協力NGO難民を助ける会（AAR Japan）にて緊急人道支援，地雷禁止条約策定交渉などに携わる．事務局長を経て，2008年より同理事長．2009年より立教大学大学院21世紀社会デザイン研究科教授．2010年より同大学社会学部教授．ほかに福島県相馬市復興会議「顧問会議」委員（2011-），国連訓練調査研究所（UNITAR）理事（2016-），国連中央緊急対応基金（UNCERF）諮問委員（2012-15），ジャパン・プラットフォーム代表理事（2006-11）を務める．

著書『スレブレニツァ　あるジェノサイドをめぐる考察』東信堂，2009年
『地雷問題ハンドブック』自由国民社，1997年
ほか
編著『スレブレニツァ・ジェノサイド　25年目の教訓と課題』東信堂，2020年
ホームページ「人道問題の研究者が明け暮れに考えたこと　長有紀枝の研究室から」
https://osayukie.com/

入門《にゅうもん》 人間《にんげん》の安全保障《あんぜんほしょう》
中公新書 2195

2012年12月20日初版
2021年1月25日増補版発行

著　者　長 有紀枝
発行者　松 田 陽 三

本文印刷　三晃印刷
カバー印刷　大熊整美堂
製　　本　小泉製本

発行所　中央公論新社
〒100-8152
東京都千代田区大手町 1-7-1
電話　販売 03-5299-1730
　　　編集 03-5299-1830
URL http://www.chuko.co.jp/

定価はカバーに表示してあります．
落丁本・乱丁本はお手数ですが小社販売部宛にお送りください．送料小社負担にてお取り替えいたします．

本書の無断複製（コピー）は著作権法上での例外を除き禁じられています．また，代行業者等に依頼してスキャンやデジタル化することは，たとえ個人や家庭内の利用を目的とする場合でも著作権法違反です．

©2012 Yukie OSA

Published by CHUOKORON-SHINSHA, INC.
Printed in Japan　ISBN978-4-12-192195-6 C1231

中公新書

政治・法律

h2

108 国際政治（改版） 高坂正堯
1686 国際政治とは何か 中西 寛
2190 国際秩序 細谷雄一
1899 国連の政治力学 北岡伸一
2574 戦争とは何か 多湖 淳
2621 リベラルとは何か 田中拓道
2410 ポピュリズムとは何か 水島治郎
2207 平和主義とは何か 松元雅和
2576 内戦と和平 東 大作
2394 難民問題 墓田 桂
2133 文化と外交 渡辺 靖
113 日本の外交 入江 昭
1000 新・日本の外交 入江 昭
2402 現代日本外交史 宮城大蔵
2366 入門 国境学 岩下明裕

1825 北方領土問題 岩下明裕
2611 アメリカの政党政治 岡山 裕
1272 アメリカ海兵隊 野中郁次郎
2405 欧州複合危機 遠藤 乾
2568 中国の行動原理 益尾知佐子
2172 中国は東アジアをどう変えるか 白石 隆 ハウ・カロライン
700 戦略的思考とは何か（改版） 岡崎久彦
2215 戦略論の名著 野中郁次郎編著
721 地政学入門（改版） 曽村保信
2566 海の地政学 竹田いさみ
2450 現代日本の地政学 日本再建イニシアティブ
2532 シンクタンクとは何か 船橋洋一
2629 ロヒンギャ危機 中西嘉宏
2195 入門 人間の安全保障（増補版） 長 有紀枝